书山有路勤为径,优质资源伴你行
注册世纪波学院会员,享精品图书增值服务

[美] 瑞德·K.霍尔顿（Reed K. Holden）
[美] 吉特·穆克吉（Jeet Mukherjee） 著
唐国华 邹心之 译

定价的10项法则

pricing with confidence

TEN RULES FOR INCREASING PROFITS AND STAYING AHEAD OF INFLATION

SECOND EDITION

增加利润，保持领先

电子工业出版社
Publishing House of Electronics Industry
北京·BEIJING

Pricing with Confidence: Ten Rules for Increasing Profits and Staying Ahead of Inflation, 2nd Edition by Reed K. Holden and Jeet Mukherjee
ISBN: 9781119910183

Copyright © 2023 by Reed K. Holden and Jeet Mukherjee

All Rights Reserved. This translation published under license with the original publisher John Wiley & Sons, Inc. Copies of this book sold without a Wiley sticker on the cover are unauthorized and illegal.

Simplified Chinese translation edition copyrights © 2024 by Publishing House of Electronics Industry Co., Ltd.

本书中文简体字版经由 John Wiley & Sons, Inc. 授权电子工业出版社独家出版发行。未经书面许可，不得以任何方式抄袭、复制或节录本书中的任何内容。若此书出售时封面没有 Wiley 的标签，则此书是未经授权且非法的。

版权贸易合同登记号　图字：01-2022-6698

图书在版编目（CIP）数据

定价的 10 项法则：增加利润，保持领先 /（美）瑞德·K.霍尔顿（Reed K. Holden），（美）吉特·穆克吉（Jeet Mukherjee）著；唐国华，邹心之译. —北京：电子工业出版社，2024.2

书名原文：Pricing with Confidence: Ten Rules for Increasing Profits and Staying Ahead of Inflation, 2nd Edition

ISBN 978-7-121-47258-9

Ⅰ.①定… Ⅱ.①瑞… ②吉… ③唐… ④邹… Ⅲ.①定价决策 Ⅳ.①F714.1

中国国家版本馆 CIP 数据核字(2024)第 037722 号

责任编辑：卢小雷　　文字编辑：牛亚杰
印　　刷：三河市华成印务有限公司
装　　订：三河市华成印务有限公司
出版发行：电子工业出版社
　　　　　北京市海淀区万寿路 173 信箱　邮编　100036
开　　本：720×1000　1/16　印张：14.75　字数：166 千字
版　　次：2024 年 2 月第 1 版（原著第 2 版）
印　　次：2024 年 2 月第 1 次印刷
定　　价：78.00 元

凡所购买电子工业出版社图书有缺损问题，请向购买书店调换。若书店售缺，请与本社发行部联系，联系及邮购电话：（010）88254888，88258888。
质量投诉请发邮件至 zlts@phei.com.cn，盗版侵权举报请发邮件至 dbqq@phei.com.cn。
本书咨询联系方式：（010）88254199，sjb@phei.com.cn。

译者序

经营大师稻盛和夫曾说过"定价即经营",足见定价的重要性。定价不仅是为了好卖或容易获取订单,而是决定企业生死的关键。制定价格必须使买卖双方都满意,定价是一项极为重要的工作,应该由经营者做出决策,因此定价是一把手工程。

作为经营者,最重要的是要有定价经营思维。对内,要守护好公司的经营底线,要把握好成本、采购、定价这三者之间的关系和平衡。对外,要洞察国际、国内、政治和经济等整体大环境因素,以及市场供给关系和竞争关系。

此外,在经济全球化时代,各国经济实体依据生产要素比较优势,在国际分工体系中形成各自的分工角色并紧密合作,构成全球价值链,分享经济全球化的红利。

全球疫情对实体经济产生了一定的影响。对于制造业、工农业等大量依赖线下生产的行业,以及餐厅、商场等线下服务业而言,疫情使这些实体经济被按下了暂停键。

在这种大的环境下,全球高通胀,价值链受阻,经济持续低迷。后疫情时代,企业的经营者如何定价才能走出泥潭,走上快速发展之道，立于不败之地？本书给出了实用的操作原则和方法，同时附有大量的案例供参考学习，可谓是理论与实践的有机结合。既回答了在高通胀环境下，企业负责人或者市场定价专员该如何高效精准地定价的问题，又回答了在实际操作层面，销售人员如何谈判价格，保持高利润成交的问题。

正如书中所描述的，上一次的高通胀要追溯到1982年，目前很少有专业人士对高通胀情况下的定价有足够的了解，因为绝大多数人没有经历过。因此企业领袖和定价人士需要类似的理论和实践来指导定价，帮助他们提高盈利能力。

本书是作者集多年的研究和服务众多客户的最佳实践的结晶，代表了通货膨胀时期定价领域的大师级课程。书中全面阐述了增加收入和利润的10项法则，每一项法则都提醒所有利益相关者，在通货膨胀严重、竞争激烈、价格导向的市场条件下，企业要想实现利润和收入的增长目标需要怎么做。

法则一：为利润定价。定价者和领导者的定价原则应该始终是"为利润定价"。这一法则提醒我们，当商业领袖忽视这一事实时，即使是暂时的，也会导致企业面临难以扭转的困局。为利润定价是本书的基石，因此它在10项法则中排名第一。

法则二：有效的执行胜过好战略。对行动的偏见是有效定价领导者的特征之一。虽然制定战略很重要，但太多的企业因为沉迷于战略规划，而忽视了执行，从而浪费了机会。

法则三：摒弃价格折扣。打折是许多组织根深蒂固的一种习惯，很难改掉。消除任何根深蒂固的习惯的最好方法是用另一种习惯取代它。

法则四：了解你的价值。客户对定义价值有最后决定权，但这并不意味着企业对此事就保持沉默。企业通过出色的工作来确定对客户最重要的内容，然后始终如一地交付，从而赢得回头客，确立价值。

法则五：战略决定方向。正确的定价策略取决于市场条件、产品生命周期，以及对客户使用产品和服务的场景的深入了解。定价策略应该简单易懂，并为所有人（尤其是定价专业人士和销售人员）所理解。

法则六：创新促进增长。创新是利润增长的引擎，而且在建立可持续竞争优势方面，远比低价策略更有效。

法则七：了解你的市场。该部分介绍了基本博弈论的一些知识，指出下跳棋和下国际象棋的区别。还介绍了弹性演练，定义了衍生需求，并详细介绍了企业应该如何利用定价推动利润的增加。

法则八：建立"给予—获取"机制。"给予—获取"是非常可贵的品质，也是保护价格的最佳方式。销售人员需要权衡利弊并掌握谈判技巧，否则他们将继续成为价格泄露的源头。

法则九：培养销售骨干。骨干是指系统或组织的主要支撑，形象地说，是面对逆境时的力量，可以让你的团队在因为定价策略受到攻击时保持韧性。如果没有骨干，你就无法证明你的价值。

法则十：部署三种实践以增加利润。介绍了大幅增加利润的三种实践。秘诀包括"了解价值，公平定价"的重要概念，如何更好地玩扑克游戏，像航空公司一样更好地利用资源，以及如何在通货膨胀时期增加利润。

本书对企业高管、定价者、市场部负责人、销售部负责人及销售人员、培训赋能工作者等都是一本难得的佳作，能够帮助企业通过制定好定价策略并实施，应对高通胀带来的经营挑战，提高经营利润。书中的诸多内容也可以赋能企业销售人员，其中的谈判策略、让步规则与条件等，都有助于提升企业销售人员的谈判技巧，从而提高企业利润。同时，本书对高等院校营销专业的老师和学生来说也是不容错过的好书。

本书能够出版，得益于电子工业出版社卢小雷老师的信任与大力支持，在此特别感谢卢小雷老师在版权和编辑方面给予的巨大帮助。

还要感谢我的家人和朋友在背后的默默支持和鼓励！谢谢你们！

祝广大读者朋友阅读愉快，学习愉快，成为优秀的经营者或定价师，助力企业成功，从而成就自己！

唐国华
实战派营销专家、训战合一销售教练
微信：13601107787
邮箱：jeffei.tang@icloud.com
2402335520@qq.com

序

通货膨胀来势汹汹——40年来最严重的通货膨胀使企业的盈利能力和营业收入变得更加复杂。简而言之，通货膨胀影响了定价的方方面面。广大读者需要另一本定价书，因为当下很少有专业人士还记得如何在高通胀的需求条件下定价。因为上一次通货膨胀高峰期是在1982年，现在很少有商业领袖和定价专业人士经历过20世纪80年代初的通货膨胀高峰期。基于这种情况，我们意识到，尽管通货膨胀在继续，商业领袖和定价专业人士仍需要资源来帮助他们提高盈利能力和收入。考虑到通货膨胀和供应链的不稳定性，商业领袖需要资源来帮助他们的组织发展，以提升盈利能力和收入。我们认为，本书可以成为解决方案的一部分，因为在过去的30年中，我们的客户确信我们是真正的合作伙伴，帮助他们在各种定价条件下实现盈利。

我们确信，通货膨胀环境下出版的本书可以帮助专业人士躲开当下的干扰，开始研究他们可以控制的事情，并为其公司的成功作出相应的贡献。同时我们也看到，许多专业人士都会陷入战术和技术细节中，而错过了真正需要做的简单事情。

尽管通货膨胀使得定价流程的各个方面变得复杂，但本书的主要内容是，随着通货膨胀的加剧和经济的起落，读者仍然有可能集中精力来控制他们所能控制的事。本书代表了通货膨胀时期定价领域的大师级课程。一个关键的教训是，定价领导者必须做出决定：或者通过吸收通货膨胀的影响来牺牲利润，或者重新专注于他们的商业模式。商业模式中的每一个变量——定价、库存、调整产品线、剥离无利润的客户、缩小客户群，以及更仔细地选择客户，都必须在通货膨胀的强烈背景下考虑。

我们对这样一个现实产生了共鸣，即这一代在职的定价专业人员没有在通货膨胀和供应链中断的背景下的直接工作经验。我们确信，本书将为定价领导者提供一个路线图，以见证组织商业模式的范式转变。这种转变会影响每一位定价领导者的心理和动机，促使他们迅速应对通货膨胀的冲击。

由于通货膨胀具有波动性，所以我们认为，领导者必须更快更好地做出定价决策。在最好的时候做出这样的决定（例如，缩减劳动力或退出现金效率低的业务）是痛苦的。但面对不断加剧的通货膨胀，他们几乎没有时间含糊其词。应对通货膨胀的最佳方法可能是缩小公司规模，使其更加专注和高效。这一行为虽然看似违反直觉，但实际上增加了收入和利润。领导者以前依赖的利润率、现金流、总收入增长和市场份额增长等分析和指标，很可能需要重新确定优先级。

我们的宗旨是，可以帮助像你这样的人（处于通货膨胀时期的企业管理者）更好地管理定价。本书突破了通胀时期对定价的误解，提供了已经过证实的事实，帮助公司在定价准则方面保持灵活性，从而实现增量上涨。本书预测，未来将出现各种商业"冲击"。当然，本书的读者会找到应对这些冲击的实用方法。我们的主要目标是在本书中为你提供所需的工具和资源，以帮助你即便处于如此大的波动的环境中，仍然能够建立一个出色的组织。所以从现在开始，希望你有一个愉快的阅读体验。

瑞德·K.霍尔顿
吉特·穆克吉
马萨诸塞州康科德
2022年9月

目 录

导论 1
    如何适应供应链中断和成本上升带来的混乱 2
    领导力的重要性 3
    建立基于价值的定价团队 5
    以终为始 6
    了解所需的能力 8
    支持价值领导者 10
    避免紧急情况 11
    本书结构：增加收入和利润的10项法则 14

第一章　法则一：为利润定价 **19**
    利用价格增加利润 20
    当潮水退去时 21
    成本正在上升 22
    三项必要的调整 23
    聚焦收入带来的问题 24
    找到应对通货膨胀挑战的正确方法 25
    成本方面的竞争劣势 27
    更好的成本视角 28
    导致问题的常见策略 29
    转向基于利润的定价方法 32

缓慢且稳重地赢得比赛 ·· 33
　　定价成熟度模型 ·· 34
　　定价的两个层面 ·· 35
　　建立自信定价流程的标准 ·· 37
　　结束语 ·· 38
第二章　法则二：有效的执行胜过好战略 ····························· **39**
　　执行与战略，哪个更重要？ ······································ 40
　　让战略简单易懂 ·· 41
　　伟大的执行始于以结果为中心的思维 ······························ 42
　　简化分析 ·· 45
　　弹性分析提供洞察 ·· 46
　　更好的价值信息和客户定位 ······································ 48
　　识别能带来利润的客户群体 ······································ 50
　　价格折扣有多有效？ ·· 53
　　使用约定规则控制价格折扣 ······································ 55
第三章　法则三：摒弃价格折扣 ····································· **57**
　　打折是一种坏习惯 ·· 58
　　改掉打折的习惯 ·· 59
　　死循环 ·· 60
　　白马骑士综合征 ·· 61
　　白马骑士综合征对销售人员的影响 ································ 63
　　打折不能脱离实际 ·· 64
　　通货膨胀期的绝望定价行不通 ···································· 66
　　这一切都不容易 ·· 69

第四章　法则四：了解你的价值 71

了解价值很重要 72
为什么要了解价值？ 72
价值的力量及在通货膨胀市场中的运用 73
接受价值观 74
为什么要与客户谈论价值？ 76
客户希望谈论价值 78
客户如何从产品的使用中获得财务价值？ 80
客户访谈 81
简单且易行 84
关注价值的组织所需的能力 85
定价的行为——社会维度 87

第五章　法则五：战略决定方向 91

制定正确的定价策略 92
定价策略与通货膨胀 92
通货膨胀与供应链 94
选择正确的定价策略 99
三种基本的定价策略 100
选择一种通货膨胀驱动的定价策略 100
贯穿产品生命周期的定价 102
导入期市场 105
成长期市场 107
成熟期市场 108
衰退期市场 110
资本密集型企业的定价策略 111

竞争格局和定价策略的选择 112

准备好改变你的策略 113

在通货膨胀期间该怎么办? 114

让销售人员成为定价策略的拥护者 115

培养销售拥护者的四个步骤 117

衰退期的定价策略 120

第六章 法则六：创新促进增长 **121**

为了实现增长而创新 122

在通货膨胀的市场条件下，创新应该继续吗? 123

以创新促增长，以价格促利润 124

创新的源泉 125

通货膨胀时期的创新 126

利用价格推动增长的问题 128

好产品的结构基础 129

增值选项：服务和解决方案的关键作用 131

开发服务和解决方案来创造定价杠杆 131

符合逻辑的、有规律的产品结构 133

构建定价杠杆 134

第七章 法则七：了解你的市场 **135**

了解市场是成功定价的关键 136

应对通货膨胀没有灵丹妙药 137

了解市场情况 137

了解你的客户 139

符合长期客户需求并能增值 141

提前为增长做好准备 142

了解你的竞争对手 143

　　积极主动 144

　　新冠疫情引起的市场变化 146

　　客户对价格变化的反应 148

　　你在下国际象棋还是跳棋？ 149

　　构建全球定价策略棋盘 150

第八章　法则八：建立"给予—获取"机制 **153**

　　"给予—获取"机制 154

　　利用产品组合结构在谈判桌上获胜 154

　　"给予—获取"动态平衡 156

　　与降价相关的因素 157

　　"给予—获取"与通货膨胀 158

　　好的围栏支持好的"给予—获取"机制 159

　　捆绑销售：战略定价大师 161

　　螺母和螺栓的捆绑销售 165

　　不要搞砸捆绑包 166

第九章　法则九：培养销售骨干 **169**

　　销售骨干 170

　　客户更喜欢的两个供应商 171

　　谈判接踵而至 172

　　骨干的关键要素 173

　　买方行为与通货膨胀 175

　　你在谈判桌上的地位 177

　　征求建议书 178

　　信任的重要性 180

创建极具影响力的价值信息和销售工具 182

通货膨胀期间的骨干 183

销售骨干的关键要素 185

第十章 法则十：部署三种实践以增加利润 **187**

增加利润的三种实践 188

在通货膨胀期间保持盈利能力 189

立即对冲 190

实践一：知道采用哪种定价方法 193

公平至关重要 195

实践二：更好地玩扑克游戏 197

实践三：更好地利用资源 198

三种不同的定价方案 200

更有效的"给予—获取" 203

第十一章 结论 **205**

自信定价的旅程 206

为什么大多数公司都失败了？ 207

我们需要实现这些目标 208

价格竞争的傻瓜游戏 209

客户总是强大的 210

旅程 212

从信任开始 212

关注客户体验 214

动荡时期 216

导 论

如何适应供应链中断和成本上升带来的混乱

通货膨胀和供应链中断，可能是新冠疫情带来的最顽固的挑战，随后又因世界性事件而加剧。新闻报道称目前的通货膨胀率是40年来最高的，这是真的。美国劳工统计局经季节性调整的数据显示，2022年，以消费者价格指数（Consumer Price Index，CPI）为衡量标准的通货膨胀率是1982年以来同比增长最快的。导致通货膨胀的是供应链瓶颈，包括中间产品中断、半导体短缺、运输中断和劳动力短缺。

令人欣慰的是，新冠病毒在全世界范围内得到了有效控制。不幸的消息是，新冠疫情引发的通货膨胀和供应链中断将需要数年才能稳定下来。虽然封锁和企业倒闭已成为过去，但企业面临着一个充满挑战的后疫情时代。世界各地的企业家和商业领袖都感受到了这些挑战带来的后果。

无论你在哪个领域做生意，或者在哪个行业经营，通货膨胀使得你必须做出正确的战略决策。通货膨胀使企业经营的各个方面都变得复杂。如果不加以控制，通货膨胀将很快侵蚀企业的利润，并将使那些在通货膨胀前带来可观利润的产品和收入结构变得不再有效。

领导力的重要性

价格的成功始于首席执行官明确阐述的清晰愿景。其次是原则和耐心，以及对模棱两可的容忍。经过不同利益相关者的抵制和审查，结果得以实现。当派克汉尼汾（Parker Hannifin）公司的时任首席执行官唐纳德·沃什科维茨（Donald Washkewicz）（他于2016年退休）改变了公司的定价策略后，该公司的净收入提高了500%以上，净收入回报率提高了300%。沃什科维茨成功的秘诀是什么？原则。作为首席执行官，他集中精力在一些产品上，他认为至少派克汉尼汾提供了无法捕捉的价值。

派克汉尼汾公司高管面临的最大问题是说服其经理和销售专业人士，他们将受益于新的定价原则。用一位高管的话说，公司不得不"重新规划公司的管理DNA"。由此而产生的一个结果是：公司转而将定价与公认的价值保持一致。公司开发了这些工具，帮助饥饿的销售人员有效地应对那些叫嚷着要降价的客户。沃什科维茨有信心根据派克汉尼汾公司的使命宣言采取行动，成为高价值产品和服务的供应商。他用这些知识自信地定价。派克汉尼汾公司的销售团队从首席执行官的决策和原则中获得了信心。（结果很快表明，从价值出发，向客户展示成为派克汉尼汾的客户所带来的好处。）自他退休以来，该公司仍然坚持"按时提供优质的解决方案"和"易于开展业务"的重要价值观，这在一定程度上继续支撑着强劲的利润和收入增长。

首席执行官或总裁通常是持续支持变革的理想人选，因为毫无疑问，变革的阻力是真实存在的，只有最高层的坚定支持才能推动变革。销售人员和他们的经理必须清楚地知道，守旧者终会被淘汰，而试图越过变革者也是徒劳的。

有了这种心态，公司就可以确定某些产品和服务如何优于竞争对手。然后，有人负责识别该价值，量化该价值，将其放入竞争优势中，并通过销售人员执行该价值。有了可验证的价值，销售人员开始对他们所销售的产品感到满意。一旦客户说没有价值时，销售人员就会用价值与客户开展对话，找到双赢的局面，从而自信定价。

我们与企业客户合作多年，发现要想让自信定价发挥作用，需要一位勤奋的领导者来支持变革，控制并了解价值，公平定价，这是组织内的一个核心流程。该领导人可能是首席执行官（如派克汉尼汾公司的首席执行官），也可能是首席财务官或分部总裁。不管是哪种情况，领导变革的高级管理人员最好直接向首席执行官汇报。这种直接的汇报传递了一个信息，即首席执行官是领导变革的高管的坚实后盾。毫无疑问，在各部门中，向首席执行官申诉不受欢迎的价格变动是一种有效的策略。

我们的第一个定价培训项目是与英特尔合作的。这个半导体引领者有一个敬业的高级领导团队，但同样重要的是，他们有一个直接向首席执行官汇报的定价副总裁。英特尔将培训作为其团队成长的一个关键因素，并将价值和竞争性定价策略作为他们的核心。当竞争对手（在本例中为AMD）以配套产品进入市场时，英特尔在新兴技术的撇脂定价策略和中立定价策略之间不断演变，还将新技术的创新作为其收入和盈利能力增长目标的关键要素。如今，英特尔是世界上重要的芯片制造商之一，净利润率达到惊人的30%。

建立基于价值的定价团队

我们经常被问到的一个问题是，从组织上来说，定价团队应该设在公司的哪个部门。通常的选择是在市场营销、财务、产品管理或销售部门。这个问题归结为：你希望定价部门优先考虑什么。将定价团队设定在任何部门都意味着，他们将按照该部门的考核方式行事。设在销售部门的定价团队极可能表示，他们将更加注重收入；设在财务部门意味着，他们将更多地关注成本和利润；设在市场营销部门则意味着，他们将更加专注于品牌和推广；设在产品管理部门则意味着，销售人员往往会更加专注于产品，而不是公司提供的整体解决方案。一个有效的定价组织应该先关注所有这些因素，然后才是重点关注其中的某些方面。定价是一项团队运动，但要想取得成功，定价需要专注于为公司创造利润（法则一）。

以终为始

一个成功的定价组织会是什么样子呢？尤其是在当今的经济环境下。我们访谈了不同的领导者，大多数是来自各行各业的高管。在与这些高管的对话中，以下4个关键主题浮出水面：

- 止血。
- 提速。
- 管理风险。
- 发现重要洞察。

让我们逐一探讨这些主题：

1. 止血。 没有原则的定价行为是利润杀手。为了止血，折扣被置于显微镜下，并用来防止利润流失。我们采访了位于新泽西州西德普特福德的IT基础设施和解决方案提供商——Myriad360的创始人兼首席执行官安德鲁·费舍尔（Andrew Fisher）。在新冠疫情期间，Myriad360有目的地从服务大约600个客户减少到240个活跃客户。该公司故意同不能带来利润的客户解除合约。费舍尔说："产生很少利润的客户占用了宝贵的资源，使我们很难为高价值客户提供适当的服务。"这样做的最终结果是该公司的收入基数更小，但盈利能力更强，客户满意度更高，员工参与度更高。

2. 提速。提速是指根据市场波动快速做出与定价相关的决定。一位客户的目标是"亚秒级"的价格变化，因为他们是做原材料处理业务的，而这些原材料的成本在通货膨胀时期是不断变化的。因此，价格执行速度对于他们的生存至关重要。自动化程度正在加快他们的定价速度。任何时候，公司都可以将他们的定价过程自动化，尤其是对于长尾客户，这样他们就可以在战略客户身上花费更多的时间和资源，从而在通货膨胀时期继续保持盈利。

3. 管理风险。虽然每一位领导者都从他们所服务的市场的个人角度看待风险管理，但他们都得出了相同的两个结论。第一，每个定价机构都必须将管理风险作为一项必要任务。第二，多元化是最大限度降低风险的有效对策。这包括市场、客户、产品、解决方案甚至供应链的多元化。一家主流IT制造商的首席执行官详细介绍了该公司如何在其供应链流程中增加更多国家，以减轻疫情期间带来的风险。管理风险的另一种做法是客户定制、定制产品、服务和定价。随着数据存储成本的降低，以及我们在微秒内对大型数据集进行分析的能力的提升，定制的世界变得更容易执行。这也使得企业与渠道伙伴合作的市场策略更多样化。

4. 发现重要洞察。不要等待完美的情况出现，不要浪费大量时间去准备大型复杂的报告。相反，你应该专注于在需求点创建易于执行的洞察。很多时候，公司发布的报告都不具有可操作性。更糟糕的是，这些报告耗费了大量的时间和资源，人们甚至为了数字而争执不休。领导者则要求以不同的方式处理数据，以使数据看起来更好。我们曾与一家公司合作过，该公司有一支由60名专业人员组成的团队，整合来自多个平台的数据，以提供有关定价的洞察。通过利用外部数据作为助推器，我们能够以极低的成本提供及时、可操作的洞察。

了解所需的能力

基于这些最终目标，一个成功的定价组织是有战略性的，且有能力影响组织的其他部门。它不能仅仅是一个运营职能部门，按照其他部门的要求来定价。它也不可能只是一个价格优化部门，坐在电脑前，管理一个软件解决方案，而该解决方案往往会忽略公司内外的相关问题。

这里有10项与定价相关的能力，如果每个公司都希望实现这些最终目标，那么他们应该掌握这些能力。这些能力与第一章中概述的定价领导准则一致。

1. 了解客户和价值。
2. 了解竞争对手。
3. 使定价与公司战略保持一致。
4. 创建并传达符合价值的产品。
5. 设定标价。
6. 管理价格。

7. 刷新价格。
8. 利用逻辑分析法来跟踪适当的指标。
9. 通过分析来创建洞察。
10. 产品化：构建、增强和维护流程，并提供可产生量化行动的洞察。

虽然大多数能力是不言而喻的，但我们的客户通常缺少两项能力。一是缺乏对客户和价值的了解。销售主管通常会告诉我们，他们非常了解他们的客户，并会举例子，比如"我参加了他们孩子的毕业派对"，与客户的个人关系很好。但我们在这里的意思是要密切了解客户的业务——如何通过使用你的解决方案来为客户创造收入、降低成本或降低风险。这不是静止不变的，客户会改变、创新和开拓新市场，因此你的解决方案需要与他们不断变化的需求保持一致。尤其是在动荡的市场中，这种了解是所有定价活动的基础，也是一种非常关键的能力。二是缺少产品化能力。使用分析法来创建洞察是一回事，但这些洞察在实施之前是无用的。把洞察植入关键流程中，并将其产品化对于持续盈利至关重要。我们曾经有一个客户，通过调研发现，如果他的客户被"触达"至少三次，那么公开报价的成交可能性就更高。"触达"是指从销售人员给客户打电话，到打开的电子邮件提醒客户公开报价的所有内容。最好将这些洞察自动化。我们设计了一个自动化的电子邮件活动，那些至少有两次触达经历的客户会自动收到第三次触达的电子邮件。仅仅是这个简单的过程，公开报价的成交率就翻了一番。

支持价值领导者

高层领导承担着一项具有挑战性的任务，即确保组织中的每个人都专注于提升和更好地利用客户价值。为了支持价值型领导者，总裁或首席执行官应了解部门间活动的相互关联性，并考核相应指标，以跟踪团队协作而不是各自为政带来的最佳结果。领导者应确保该方法和流程涉及公司中的每个人。当高级管理人员关注价值时，他们可以实施有效的控制措施，开始关注生产的整体质量和客户保留率。销售经理可以帮助销售人员专注于利润更高的业务，而不是所有业务。新目标可以评估市场经理如何提高销售人员的效率，以及如何将其转化为公司的利润和效益。

有很多短期措施可以促进客户价值过程，并快速为公司增加收入和利润。首先询问资深的销售和营销副总裁，他们的团队如何通过活动创造价值。然后再跟进更加具体的问题：

- 是否有一个销售人员可以专注于高价值潜在客户的细分市场？
- 市场部是否提供了正确的有关价值的信息，使销售人员的工作更轻松？
- 关于你的产品和服务相对于竞争对手的表现，是否有一些可以分享的洞察？
- 你对绩效差异有什么洞察吗？它能转化为客户的经济利益吗？

如何利用产品、定位和销售谈判技巧来提高成交率，而不是将价格作为主要成交筹码？

- 是否做到让合适的销售人员跟进合适的客户？
- 销售代表是否接受过培训并有动力只专注于与价格导向型买家的交易，或者他们是否具备与关系型和价值导向型客户一起创造价值的技能？
- 整个团队是否有能力来应对我们在许多交易场景中看到的咄咄逼人的扑克玩家呢？

这些问题将推动公司形成由外而内的价值文化。这将为自信地限制价格谈判奠定基础。组织中的每个人都必须立足于这样一个现实，即他们确实为客户提供了价值，而且他们有义务以公平的定价来利用这种价值。

避免紧急情况

从首席执行官到销售专业人士，商业领袖面临的最大问题是供应链中断。新冠疫情导致的工厂关闭和劳动力短缺问题，正在削弱供应商满足客户需求的能力。供应链所需原材料的中断将加剧供应短缺和通货膨胀压力。这导致消费者和公司囤积关键物资，进一步加剧了问题。

那么，定价高管或其他管理者该做些什么？这是我们的第一条建议，也许是最重要的建议。你现在应该做什么？深呼吸喘口气，避免紧急情况。因为许多高管对业务问题做出仓促决定时，往往是对错误的问题做出响应。

肯·拜尔（Ken Beyer）是总部位于亚特兰大的运输控股有限公司的首席执行官，该公司是一家价值32亿美元的企业，帮助客户设计高效的供应链网络。拜尔认为，我们今天看到的市场波动将持续至少几年。"供应链断了，"拜尔说，"我们都注意到商店里的货架空荡荡的，感受到通货膨胀加剧的影响，难以预测不断变化的需求。此外，运输成本持续上升，运力依然紧张，船只被困在港口之外，不确定性是笼罩在企业上空的乌云。"这在很大程度上是因为传统供应链不是为电子商务而构建的。由于消费者在家购物，企业根本没有准备好应对疫情造成的电子商务订单量激增的问题。拜尔指出："这也导致了劳动力从到实体店取货的消费者转移到一个新的（配送）劳动力市场。"这一新的劳动力市场为新的运输服务创造了机会，将劳动力从仓库、装卸码头和零售配送转移到了家庭配送。这种根本性的转变是劳动力短缺的诸多因素之一。

许多商业决策都是战术性的，没有足够的分析基础。也就是说，这种应对仅仅是基于手头的工具和资源，只关注到问题的一部分。因此结果往往不是最优的，因为它们没有解决真正的问题，并且会产生意想不到的后果和二次效应，这些后果通常会使问题变得更糟。

如今，定价专业人士面临的问题有两方面。首先，定价专业人士被要求在40年来最动荡的时期发挥领导作用。其次，这也是以下章节将要解决的真正问题，即当今的高管根本没有在这些最具挑战性的环境中工作的经验或技巧。其结果是，一些领导人经常恐慌，做出不考虑总体定价环境的应对决策，弊大于利。

我们的一位客户应对新冠疫情的挑战的经历，有助于展示本书所述实践的战略益处。新冠疫情发生后不久，许多客户开始接到他们客户的采购人员打来的电话，并要求降价。我们建议他们，将谈话主题从降价改为如何建立更紧密的战略关系，来确保他们拥有可靠的供应链。我们将在"法则十：部署三种实践以增加利润"中来讨论这种做法。

在这种由新冠疫情引发的供应链问题引起恐慌之际，我们正好与一个客户合作，以帮助他们更好地了解竞争对手的定价高在哪里，以及顾客为什么不得不购买他们的竞争对手的一些产品。在我们的帮助下，这个客户的产品价格翻了一番。当然，我们给他们带来的好处远不止这些。他们还利用多年来我们帮他们建立的定价原则，使得他们的领导在应对迫在眉睫的战略供应链问题方面，处于非常有利的地位。

这是可能的，因为在本书所述的经验的帮助下，这个客户多年来在组织内部培养了一支无所畏惧、具有前瞻性的领导团队，并相信自己拥有应对通胀恐惧和供应链中断的工具和技能。在书中的其他地方，我们将更具体地描述这个客户是如何成功的，而其他客户则是如何挣扎的。

这个客户利用了本书所提出的在通货膨胀时期实现盈利的10项法则，给整个定价和销售团队灌输定价原则，从而成功地改掉了打折的习惯（法则三）。他们已经对培养销售骨干（法则九）所提供的价值，建立起足够的信心，并正在利用创新（法则六）来建立"给予—获取"机制（法则八）。他们已经精通执行（法则二），并且正在建立一个负责部门整体战略的内部小组（法则五）。

简而言之，本书描述的框架已经被我们的客户成功利用，使领导者在通货膨胀和供应链动荡的情况下，致力于实现其业务的主要收入和盈利目标。该框架包括10项法则，这些法则相互协调，制定了指导商业领袖和企业家的战略路线图，目标是增加公司的收入和利润。我们相信，如果定价专业人士能努力遵循后述做法，那么将确保其业务在通货膨胀复杂的情况下实现收入和盈利目标。

本书结构：增加收入和利润的10项法则

自信定价的核心是10项法则。每一项法则都提醒所有利益相关者，在通货膨胀严重、竞争激烈、价格导向的市场条件下，企业要想实现利润和收入的增长目标需要怎么做。每一项法则都有一章专门介绍，读者将直接从中获得由多个实际案例支撑的每项法则的详细解释。

很高兴你能继续阅读导论至此。正如你所注意到的，导论阐述了为什么在通货膨胀和供应受限情况下的定价需要对战略定价有全新的理解。我们特别向那些还不相信高通胀和相关供应链动荡会从根本上重新调整既定的定价做法的读者推荐导论。

为利润定价。定价者和领导者的定价原则应该始终是"为利润定价"。在过去几十年中成功管理价格的公司已经成功地运用了这一原则。法则一提醒我们，当商业领袖忽视这一事实时，即使是暂时的，也会导致难以扭转的困局。为利润定价是本书的基石，因此它在10项法则中排名第一。这需要从过去学习并采取主动的措施。商业领袖不能凭直觉为利润定价。分析是必不可少的，质量指标也是如此。就像所有简单的事实一样，法则一的操作并不难理解。如果企业中的每个人都普遍承诺，以利润定价为主，那么执行起来也不会太困难。

有效的执行胜过好战略。对行动的偏见是有效定价领导者的特征之一。虽然制定战略很重要，但太多的企业沉迷于战略规划，而在战略规划完成时，已经浪费了机会。在通货膨胀和动荡时期，拥有好的执行系统和遵守执行系统的人，是定价的重要法则。第二项法则讨论了基于价值的定价组织应该在公司层级中的什么位置。与法则二相关的一些技能，包括如何改变销售人员和客户的期望，如何通过分析来识别没有利润的客户，以及何时解除与他们的合作关系。

摒弃价格折扣。打折是许多组织的一种嗜好。就像对某事上瘾一样，打折的习惯也很难改掉。消除任何根深蒂固的态度的最好方法是用另一种态度取代它。所以你要对你的产品和服务的价值保持一种高傲的态度，并自我感觉良好，以及为什么你的产品和服务就值这个价格，能为你提供改掉打折的习惯所需的信心。本章首先描述了打折的问题，提供了一些实用的技巧来帮你改掉打折的习惯，并分析了通胀期间的绝望情绪是如何导致定价专业人士做错事的。

了解你的价值。的确，客户对定义价值有最后决定权，但这并不意味着企业对此事就无话语权。企业通过出色的工作来确定对客户最重要的内容，然后始终如一地交付，从而赢得回头客，确立价值。当企业领袖未能建立商业价值时，他们就会浪费收入，损失利润，丢失市场份额，因为客户能找到更有利的产品。当企业找到方法，使其核心竞争力与客户的市场拓展相一致时，客户价值可以得到提升。不了解价值，就如同在黑暗中做生意，会完全迷失方向。而了解你和你的公司为客户创造的价值，就如同给黑暗带来了光明。

谈判的信心来自对定价的信心。定价的信心源于企业对为客户提供的价值的理解和信念。客户购买你的产品和服务以实现价值，理解并实现这一价值是成功定价的关键。

战略决定方向。选择正确的定价取决于市场条件、产品生命周期，以及你对客户使用你的产品和服务的情况的了解。如果定价方法决定了某一特定产品或服务的价格，那么产品定价策略就决定了是定更高的价格或更低的价格，还是与竞争对手持平的价格。本章的主要结论是，定价策略应该简单易懂，并为所有人所理解，尤其是定价专业人士和销售人员。

复杂的定价策略可能在表面上看起来不错，但实施起来却不切实际。在本章中，你将了解为什么很多方法都失败了，比较三种基本的定价策略以及何时使用它们，并发现一种针对资本密集型企业以及提供软件和信息产品的企业的定价策略。

创新促进增长。创新是利润增长的引擎，而且在建立可持续竞争优势方面，远比低价策略更有效。不在服务过程中不断改进产品的企业将无法满足客户不断变化的需求，并给竞争对手留下机会。成功的公司总是在不断寻找改进其产品和服务的方法。这意味着聪明的公司为增长而创新，坚持不懈地为利润定价，了解好产品结构的基本要素，并利用解决方案和服务创造价格杠杆。

了解你的市场。如果你想要在任何层面上的定价取得成功，你必须清楚地了解客户和竞争对手将如何响应你采取的任何定价举措。换句话说，你需要明白，市场是一个复杂的互动过程，许多参与者都在追求自己的利益。如果你对市场的运作方式没有全面的了解，尤其是你的市场，就要投入时间和资源来深化这种了解，否则你的努力将适得其反。本章介绍了基本博弈论的一些要素，询问你是否更擅长下跳棋还是国际象棋。还介绍了弹性演练，定义了衍生需求，并详细介绍了利用定价推动增长的障碍。

建立"给予—获取"机制。"给予—获取"是非常可贵的品质，也是保护价格的有效方式。销售人员需要权衡利弊并掌握谈判技巧，否则他们将继续成为价格泄露的源头。通常情况下，他们只是在价格上做出让步，其实有更好的方法。将产品和服务特性作为筹码进行谈判是一种更好的方式，可以削弱客户玩扑克游戏式的战术，从而保护这些产品和服务的价值。本章为读者提供了不可或缺的工具，即利用报价结构在谈判桌上获胜。还描述了执行"给予—获取"时内部对齐的重要性。第八章还描述了一些实践，包括捆绑销售以及牢固的围栏如何保护价值。

培养销售骨干。骨干是指系统或组织的主要支撑，形象地说，是面对逆境时的力量，可以让你的团队在因为定价策略受到攻击时保持韧性。法则九的核心是，如果你没有销售骨干，你就无法证明你的价值。对谈判的信心需要对定价的信心，对定价的信心源于了解客户所感知的产品或服务的价值。这需要了解客户的需求，你的解决方案将如何产生影响，以及支持价格的信心。

销售骨干还需要了解客户用来让你降价的技巧，以及如何打破默认的深度折扣文化。在这种文化中，管理者认为除了打折别无他法。无论产品、竞争对手或地理位置如何，使用骨干来支撑销售的公司会销售出更多的产品，盈利更多。

部署三种实践以增加利润。本章回顾了大幅增加利润的三种实践。秘诀包括"了解价值，公平定价"的强大理念，如何更好地玩扑克游戏，像航空公司那样定价以更好地利用资源，以及如何在通货膨胀时期增加利润。

自信定价的旅程。本书的结论将10项法则的所有要素概括在一起，为读者提供了前进的路线图。结论的主题包括团队建设、领导力的重要性以及对核心问题——"谁拥有价值"的讨论。

现在，让我们从法则一开始。

第一章

法则一:为利润定价

利用价格增加利润

通货膨胀使定价的各个方面都变得复杂。法则一是利用价格增加利润。当一个组织了解其产品和服务如何为客户创造价值时，就会产生利润。当一家公司根据价值制定公平的价格，并通过销售人员执行这些价格，用这些价格来赢单，而不是给客户打折时，利润水平会更高。

几十年来，持续的通货膨胀首次成为世界各地的公司迫切需要考虑的短期问题。我们的观点是，虽然通货膨胀肯定会使定价的各个方面复杂化，但它也代表了一个理想的机会，可以对定价实践进行早就应该进行的改革。因此，与短期通货膨胀作斗争可能会带来一些长期利益。

通货膨胀把定价问题从幕后推到了董事会。尽管通货膨胀给人们带来了种种痛苦，但它实际上有一个看不见的好处。这是因为，高管们永远不会比现在更关注定价。高管们敏锐地注意到一个不可避免的事实，即通货膨胀对那些未能灵活应对通货膨胀问题的公司的利润产生了无情的影响。当投入的成本大幅上升时，企业的利润将大幅下降，除非它能够迅速转嫁价格上涨，而当涉及通货膨胀时，灵活性则是必不可少的。

大多数分析师都同意这两件事：第一，通货膨胀增长率和供应链波动带来的痛苦，是40多年来的最高水平。第二，通货膨胀是持续的，它对大大小小的企业都是一个长期的、系统性的挑战。虽然美国商务部报告的CPI最近突破了8.5%，是自1981年以来的最高水平。但实际上我们更关注的是，不太为人所知的美国生产价格指数（Producer Price Index，PPI），这是衡量中间需求加工品的通货膨胀指数。2021年，该指数上涨了24.4%，是自1974年以来涨幅最大的一年。国际货币基金组织的全部商品价格指数，在同期12个月内上涨了49%。归根结底，通货膨胀引起的供应链波动，再加上新冠疫情所导致的劳动力短缺，加剧了各行各业的定价压力，而且这些压力不会很快消退。

当潮水退去时

我们今天所经历的持续的全球通货膨胀，暴露了大多数B2B企业定价实践的局限性。"只有在退潮时，你才能发现谁在裸泳。"这是美国著名的投资者——沃伦·巴菲特的智慧结晶。他的这一观察意味着，当市场表现良好时，你真的无法分辨谁的投资策略有效，也无法理解企业所承担的风险。只有当市场受到不利条件的制约时，我们才能区分聪明的人和幸运的人。

虽然巴菲特的格言主要适用于投资者，但它与大大小小的企业的一般定价实践也有关。事实上，几乎每家企业都在忍受他们认为的次优的传统定价法，这已经不是什么秘密了。在一个稳定和繁荣的市场中，这些低效率的传统定价法基本上是可以接受的。但是，当面临投入成本快速上升和供应链波动时,传统定价法的局限性突然变得格外刺眼。

世界各地的高管都看到通货膨胀正在迫使潮流退去。许多人有理由担心他们的股东会看到什么。当通货膨胀的压力导致成本增加,同时供应链中断而削弱需求时,某些定价实践就变得太慢、太宽松、太无差别。

还好,在没有失去什么之前,一切都还来得及。本书阐述的定价实践,将帮助你的公司实现定价的现代化,以最佳方式应对持续的通货膨胀的挑战。通货膨胀给了你提高价格的机会。没有客户喜欢涨价,但最终客户倾向于接受价格上涨,这背后得有清晰有力的理由。现在,请记住,你的价格上涨越能准确反映产品和服务的价值以及真实成本的上涨,你就越能保护公司的利润。

成本正在上升

判断处于通货膨胀时期的最好信号是你的成本在上升。也许你可以从贸易和商业新闻中看到这些增长。例如,由于供应短缺、生产问题或天气对运输链的随机冲击,这些成本可能会上升。诀窍是建立一个系统来识别即将到来的通货膨胀,你需要将这些成本转嫁给你的客户。而推迟这一顺序将会削减甚至可能侵蚀你的利润。

由于大多数公司都有各种各样的产品，成本的增加可能会对涨价的需求产生不同的影响。许多公司试图用所有产品的统一涨价来平摊这些成本增长。这样做的问题是，当你的竞争对手提高特定产品或产品组的价格，以更准确地反映其真实成本增长时，你的价格将处于竞争劣势。这是因为成本涨幅高于价格涨幅的产品会卖得更多，而成本涨幅低于价格涨幅的商品会卖得更少，从而削弱公司的利润，并给竞争对手提供更多销售机会。

世界各地的管理者更担心收入而不是利润。许多激励机制仍然基于不断增长的收入。这些模型假设降低成本和提高运营效率的组合将提高利润。在最好的情况下，这些承诺的降本和增效只产生一次影响。最终，成本下降趋于稳定，效率达到极限。那么不可避免的结果就是利润下降。

定价高管通常是公司利润的保护者。我们都知道，这事说起来容易做起来难。在一个经常与这些需求背道而驰的销售生态环境中，保护利润需要毅力、坚持和智慧。在本章中，我们将讨论一种更成功的定价结构，以及使其可持续的必要步骤。

三项必要的调整

在通货膨胀条件下茁壮成长的企业，将通过三种基本方式调整其定价策略，以建立必要的速度、灵活性和行为准则，来快速应对无休止的动荡环境。

- **快速响应**。为了避免利润率下降，企业需要能够在成本上升时快速调整价格。商务团队必须能够在条件变化时快速设定新价格，并严格执行。
- **执行准则**。在经济条件有利的情况下，企业通常会容忍宽松的折扣政策。战略例外（我们称之为折扣让步）从来不是最佳做法，但某种宽容是可以原谅的。然而在通货膨胀下这么做是不可原谅的。抵抗价格上涨的唯一堡垒是证明被质疑的产品或服务提供市场价值的能力。
- **系统化定价**。应对通货膨胀的定价要求企业加快价格变化的节奏。我们看到一些公司推出了按季度、按月甚至按天重新定价的系统。价格变化也必须有细微差别，这意味着要避免过于简单化的全面涨价。相反，企业必须能够部署一系列差异化的增长策略，根据每种产品及时为每类客户提供相应的价值。

聚焦收入带来的问题

一个最具破坏性的商业神话就是"如果你担心销售额，利润会自行解决"。这个神话鼓励管理者为了增加销售额而降低价格。可问题是，这个神话最终导致的后果，将与他们承诺的恰恰相反。

这个商业神话的背后，其实是一个没有陈述的假设。这个假设就是产品或服务交付团队，将受益于销售额的增加。这种错误的认知导致管理者做出定价决定，通常是通过折扣来增加收入，最终导致利润下降，这在成熟市场的环境下，市场份额和收入都将受损。

销售人员通常以这个神话为荣，并且以极大的热情去签单。他们的激励措施是经过精心设计的，目的是促使他们签更多的单，即使这意味着要放弃部分甚至全部利润。高级管理人员对月度或季度收入数字的短期关注，以及他们愿意通过降低价格来牺牲利润，以实现销售目标的行为加剧了问题的严重性。因此，问题不在于员工，而在于激励措施和鼓励他们打折的管理文化。

这个神话暴露了商场上的定价策略，即交易似乎因价格而陷入危险的时刻。在商场上，你很难有信心并坚持自己的价格，也很难知道什么时候可以自信地放弃销售。这是如此困难，以致管理者在做出无论是否增加销售额的决定时，仍会损害利润。

找到应对通货膨胀挑战的正确方法

B2B企业的领导该如何帮助其商业团队应对通货膨胀和供应链波动带来的挑战呢？首席执行官的行动必须以保护利润为先，通货膨胀肯定会影响盈利能力，但作为企业的领导必须从更广泛的角度思考如何应对广大股东。本章从引导企业的领导回答这个问题开始，与制定任何战略一样，该过程从提出以下问题开始：

- 客户会接受什么样的涨价？
- 在通货膨胀的环境中，我们应该如何呈现和实施涨价？
- 在这个新环境中，最终客户将在哪些地方感知我们的价值？
- 我们如何建立将通胀视为共同关注的伙伴关系和战略思维？
- 我们可以在哪里帮助采购领导转移话题，不再关注价格？
- 我们如何展示我们的产品、服务和体验以实现这一价值？
- 我们需要哪些能力来提高公司的韧性和控制成本？
- 加剧这种紧张并且割裂供应链的最快方式是什么？
- 我们如何建立愿景、确定优先事项并组织指导所有活动？

首席执行官是组织的最终整合者。我们对优秀首席执行官的行为和思维模式的研究表明，首席执行官在制定明确的方向、协调组织、管理股东和充当"首席激励者"方面发挥着关键作用。

当然，优秀的首席执行官行事大胆，然而，他们的核心思维模式往往与硬派高管的经典形象相悖：他们在做重要决策之前会先倾听，将"软性"文化视为硬性的优势，赋予员工权力，并不断提出问题。在他们心中，为利润定价才是最终目标。然而挑战在于，许多领导者低估了让这种方法坚持下去所需的跨组织变革的深度。

当管理者对价值充满热情，并开始倡导采取基于利润的定价方式时，会考虑这对企业的好处。最终，他们的早期成果引起了其他领导者的关注，并且其成果在整个组织中得到了传播。于是，基于利润的定价目标变得制度化。

成本方面的竞争劣势

当管理者把成本平摊下来定价时，与那些没有平摊成本而定价的竞争对手相比，就会处于竞争劣势。这是因为一些商业机会看起来没有利润，但实际做下来利润还不错。因此，关注增量成本的公司，需要对任何潜在业务的利润有更真实的了解。

衡量和管理增量成本的能力对于咨询公司、会计公司、软件公司和律师事务所等专业服务公司尤为重要。我们来看一个关于平摊成本定价带来问题的案例，以及它是如何在一家有多个大型部门的分散型公司中发挥作用的。

A部门的定价决策是计算增量成本；B部门的定价决策是全额分摊成本。随着时间的推移，这家公司开始将大部分产量转移到计算增量成本的A部门，因为他们的成本似乎更低。问题是B部门在厂房和设备方面有大量的固定投资。一旦A部门开始生产只计算增量成本的产品，实际上会导致更多的销售订单转移到A部门，并导致B部门的资产利用率严重不足并产生相应损失。最终的结果是整个公司都倒闭了！

服务型公司，如专业服务公司的人员成本或固定设施的成本，往往比制造公司的相应成本占其成本结构的比重更大。这些成本往往在短期内是固定的，尤其是在利用率低，而且人们不想剥离的情况下。此外，未使用的人力资源是不稳定的，就像飞机舱门一关上，空位的价值就变为零一样。那些失去的用来推动收入和利润的人力资源价值也就永远蒸发了。

如果定价的目的是增加利润，那么成本计算系统要么会帮助你，要么会伤害你。系统通过阻止或允许你接受增加公司整体利润的业务来做到这一点。许多管理者都意识到了这种方法及其重要性，但他们避免使用这种方法，因为他们担心销售人员可能会将交易折扣降到增量成本的水平，且把他们的所有业务都引导到那里，他们的担忧是合理的。

幸运的是，这个问题有一个解决方案。这个解决方案的灵感来自航空公司的定价管理。考虑到许多航空公司目前的财务状况，你可能会认为他们在定价方面做得不好。但是，如果你了解并应用座位定价的前提，你会得到一些不错的收获。我们将在法则十中对此进行更多讨论。

更好的成本视角

许多公司根据产品或服务的成本来定价。这是一件合理的事情，因为如果你能以高于成本的价格销售，你就会获得利润。这听起来顺理成章，在很多情况下都有效。然而有两个问题使这一视角复杂化。

首先，成本与这些产品和服务为客户创造的价值无关。在很多情况下，财务价值远高于成本。我们将在"法则四：了解你的价值"中详细讨论这一点。在这些情况下，你会认识到你把钱留在了谈判桌上，而且经常会留下很多钱。成本是从企业内部的视角来审视业务，而价值是从外部视角来看待的，更能反映你如何真正以增加利润为目的来定价。

其次，通货膨胀时期，在一些情况下用成本加成的定价方法是有效的。在某些情况下，如分销，采用成本加成的定价模式就很好，因为厂商生产成本的增量会自动计入成本中。特别是如果每个竞争对手都在一个渠道内采用成本加成的定价模式，那么市场的波动性就会直接影响到终端客户。如果终端客户的需求仍然强劲，那么他们应该能够消化价格的上涨。该定价策略的一些问题汇总如下：

- 竞争对手往往不遵守游戏规则，因此会以低价获得市场份额。
- 只要需求旺盛，价格就会上涨。如果需求减弱，那么你可能会持有大量无法变现的库存。预测需求相对于供应的能力对于该定价策略就变得至关重要。
- 采用成本加成定价策略，实际上是基于厂商按常规的游戏规则提高价格的假设。如果他们不这样做，那么你的定价过高，就会影响到你的客户，且是不可持续的。

导致问题的常见策略

定价不仅仅是设定价格。定价是一种在盈利的情况下增加销量的策略，同时结合并传达了产品给客户提供价值的关键信号。总的来说，大多数组织都没有以如此严格的方式执行定价策略。

很多组织仍在采用以下四种定价方法：

成本定价法：这种方式下，根据成本设定价格，并加上合理的利润。这样做是有道理的，因为如果你的定价策略是回收成本加上额外费用，你总会获得利润，对吗？不一定。成本定价法有两个问题。第一个问题是，你的客户不关心你的成本，他们只关心你提供的价值。忽略你为客户创造的价值，基于成本的定价会使价格低于应有的水平，从而把钱留在谈判桌上并降低利润。另外，成本定价法实际上会使价格高于最佳价格水平，从而降低销售额。基于成本定价的第二个问题是，它将管理成本或工厂固定成本分摊到定价计算中。这听起来很合理，除非你考虑的这些成本是可变的，而实际上并非如此。如果你的利用率很低，那么你的分摊成本就会很高，这会阻止你降低价格以提高销售额和利用率。同样，你要么失去利润，要么失去销售额，要么两者都失去。

市场份额定价法：这种策略是以偏低的定价获得竞争对手的份额。同样，这听起来是个聪明的主意。我们都知道，市场份额的增加会带来利润的增加。然而，现实并非如此明显。如果你已经享有很高的市场份额，那么你确实会更赚钱。但更可能的是，你不是市场份额第一的领导者。在这种情况下，用较低的价格去追求市场份额是有风险的。你不能指望这会让竞争对手措手不及。即使你这样做，这种优势也是暂时的。市场份额领导者只需匹配你的价格即可。低价策略会蚕食两家公司的利润。这是一场让竞争对手相互厮杀的比赛，而客户在旁边欢欣鼓舞地观看比赛，因为客户都喜欢价格战。

市场需求定价法：如果你知道成本计算系统夸大了真实成本，也许你会使用基于市场需求的定价方法。在这种方法中，组织让市场需求来决定价格。我们经常听到这种方法，表面上听起来不错。但我们知道，有效市场假说已把影响成本和价格的每一个因素都考虑进去了。市场需求定价法的问题是，我们是向客户销售，而不是向市场销售。而由于客户的独特性，他们的行为往往与市场预测的不同，这让我们感到惊讶。通常，客户要求更低的价格，我们也经常满足他们。最终，基于市场需求的定价只是为了达成交易，或满足成本最低的竞争对手的价格而降低价格。在全球市场中，这是一种次优定价策略，或者用不太正式的话来说，这是愚蠢的。

达成交易定价法：现在我们要做点什么了。达成交易的定价是业务和定价的全部内容。如果我们不能为达成交易而定价，那定价还有什么意义呢？这个定价流程应该能为我们带来利润。当你为达成交易而定价时，本身就为客户提供了谈判更低价格的各种激励。这些客户在进行价格谈判时不断压榨销售人员。这一过程反过来又激励销售人员以更低的价格来回应客户的要求。从而破坏销售人员对价格的信心，并把利润留在谈判桌上。当我们提供的激励措施是激励团队去创造收入而不是利润，且还向商务团队成员支付报酬去执行这项策略时，会让事情变得更糟。

问题是这些策略经常会在同一家公司中同时实施。更有甚者，每个部门使用不同的策略，这些策略不仅相互冲突，而且不能有效地支撑可产生盈利的销售订单。相反，这些策略还会损害收入和利润。

转向基于利润的定价方法

基于利润的定价是一条通向更自信的定价策略的道路，而不会把利润留在谈判桌上。如果你有明确定义的利益，使你比竞争对手更具优势，那么你应根据为客户提供的价值进行定价。换言之，基于利润的定价方法取决于可以向客户展示影响力的强度。

这是一个需要时间才能有效实施的一段旅程。基于利润的定价方法提供了实现这一目标的路线图，分解了实现基于利润定价的最终目标的步骤。我们倾向于渐进式方法，而不是激进式的全速转型，稳步推进将带来对定价的信心，这种信心将在整个组织内部形成，并能抵御侵蚀销售骨干的压力。

自信定价的组织将这种努力视为一项团队运动。他们认识到，提高定价能力需要组织中每个主要部门和领导的理解和支持。你的员工应该了解他们对客户的价值，你的产品、销售策略和定价应该由这个价值来定义，这是一回事，而在整个公司执行这种商业路线则是另一回事。

缓慢且稳重地赢得比赛

如果你想快速行动，快速成交，努力可能会适得其反。因为客户会理所当然地感到困惑和担忧。因此，他们会更加严厉地跟你谈判、压价，或者更糟的是抛弃你。竞争对手可能会将你的不同定价视为抢占市场份额的好机会。他们会开始在交易中压低你的价格，并给你的销售团队带来巨大的压力。如果没有适当的培训和工具，你的销售团队将毫无防备，并且会对他们毫无意义的新定价方法感到沮丧。领导者必须预估和管理这些销售团队，以达到定价领先的地位。

我们合作的一家服务公司开始了定价之旅。其首席执行官率先向全世界和投资界宣布："合理"定价是优先事项，公司将为此投入大量资源。首席执行官在每个主要业务领域建立了专门的定价部门。该公司还创建了一个新的职能部门，用于收集和分析成本、运营和竞争对手的定价数据。它投入了大量令人印象深刻的脑力劳动来创建定价模型，该模型考虑了给客户带来的价值，而不仅仅是传统意义上的时间和材料维度的资源。但这些变化太大，该组织无法迅速吸收。我们很快就明白，这一努力远远超出了该组织一次所能承受的范围。

幸运的是，同一个管理团队也看到了这一点。于是公司采取了一些慎重的措施。第一步是评估在现有的资源和时间框架下，什么是切实可行的。通过这次评估，他们了解到自己做得对的，哪里还需要重新努力。他们进一步得出结论，一些关键系统尚未准备好进行大规模的升级。此外，他们得出的结论是，公司还缺乏诸如自身成本和竞争对手定价等方面的关键数据。

定价成熟度模型

最终，公司保持了其长期愿景，但放缓了步伐，让组织有时间跟上愿景。公司为了朝着可实现的目标发展，开发了一个定价成熟度模型，该模型反映了当前的和预期的未来能力，并将其与特定的定价方法相关联。这一过程代表了一系列合理的可实现的目标。

成熟度的进展侧重于三个关键领域的改进。第一，在定义和标准化关键服务产品线的努力上不断取得进展，以便它们能够通过创新，实现稳步增长。第二，通过对服务客户的成本进行额外分析，获得更多的数据和洞察。第三，可以从失败的项目或没有达到客户想要的结果的项目中收集有价值的数据。

这些项目通常超出了其服务范围或预算。通过分析导致这些缺点的原因，该公司开始了解服务失败的根本原因。这一发现使公司能够在关注成本控制的同时提高服务价值。这些行动帮助公司提高了销售组织在定义、衡量和销售价值方面的能力，从而为销售过程提供了基础支柱。

领导团队决定在四年内做出三次重大改变。第一年的重点是改进内部数据，对服务的价值做出明智的假设，并让合适的人到位。在构建这些关键要素的同时，该公司调整了当前的成本加成定价模型，以反映其不断提高的有关成本方面的知识积累，从而更好地利用其高价值的差异化。第二年，该团队为大多数解决方案制定了目标成本，并发布了详细的定价指南。在第三年和第四年，公司的目标是与客户更紧密地合作以了解价值，并为那些客户能够看到量化价值的服务推出基于利润的定价模型。

结果非常令人鼓舞。到了第二年，该公司已签署合同的价值增加了32%，收入增加了3.2亿美元。这些令人印象深刻的结果来自两个关键的洞察。第一个洞察是，不必在定价方面达到某种令人难以企及的理想状态，就能看到业绩的大幅改善。事实上，这就是解决定价问题的妙处所在，向前迈出一小步就能产生巨大的结果。第二个洞察是违反直觉的。成功地提高价格的举措很少是由价格驱动的。该团队明白，通过更好的产品定义、成本管理、销售技巧和数据分析，他们将能够实现改进定价的愿景。该公司的收入和利润得到持续提升是可能的，因为管理层对组织能够实现的目标是坦诚的。

定价的两个层面

定价分为两个层面：战略层面和战术层面。战略层面的定价包括制定定价策略和产品策略；建立价格模型、价格水平和指标。它们还决定了价值定价法、成本加成定价法、市场驱动定价法或组合定价法。

战术层面的定价是指，管理者关注交易价格和价格谈判的规则。在这一层面，重要的是确保客户公平地获得折扣，并且零售价要与长期战略目标保持一致。如果出现打折情况，则应出于合理的原因，如延长合同期限的保证。如图1.1所示，战略层面的定价和战术层面的定价都将定价的根本活动与自信心结合起来。

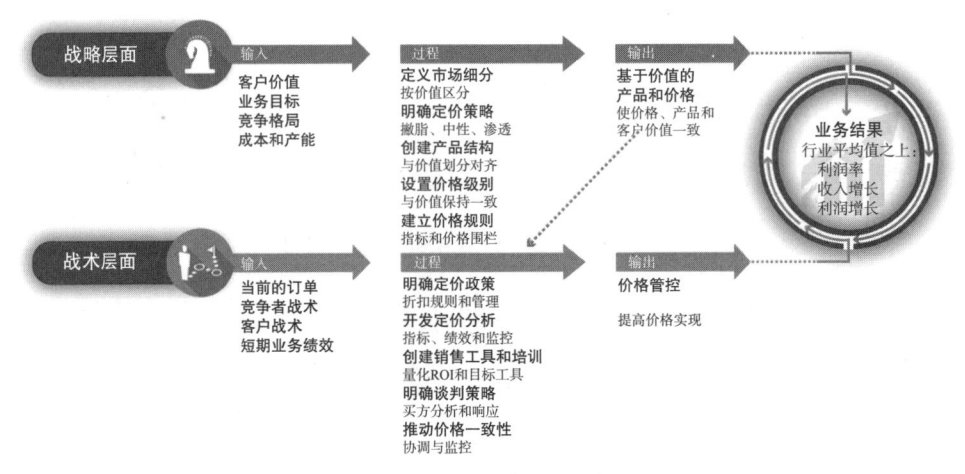

战略层面

输入
- 客户价值
- 业务目标
- 竞争格局
- 成本和产能

过程
- **定义市场细分**
  按价值区分
- **明确定价策略**
  撇脂、中性、渗透
- **创建产品结构**
  与价值划分对齐
- **设置价格级别**
  与价值保持一致
- **建立价格规则**
  指标和价格围栏

输出
- 基于价值的产品和价格
- 使价格、产品和客户价值一致

战术层面

输入
- 当前的订单
- 竞争者战术
- 客户战术
- 短期业务绩效

过程
- **明确定价政策**
  折扣规则和管理
- **开发定价分析**
  指标、绩效和监控
- **创建销售工具和培训**
  量化ROI和目标工具
- **明确谈判策略**
  买方分析和响应
- **推动价格一致性**
  协调与监控

输出
- 价格管控
- 提高价格实现

业务结果
行业平均值之上：
利润率
收入增长
利润增长

图1.1　定价领导框架

定价领导框架（见图1.1）给出了三个重要的观点。第一，战术层面的调整可以在相对较短的时间内产生增量收入（直接降至成本线）。第二，战略层面的变革涉及更多参与变革的过程。第三，战术层面的调整需要在战略层面得到支持（法则五：战略决定方向）。而在战略层面采取重大的行动其挑战在于，如何在两个层面上都向前迈进，既要设定可以实现的短期目标，又要不断朝着价值定价的长期愿景迈进。

根据麦肯锡的迈克·马恩（Mike Marn）和其他人进行的研究，

人们普遍认为，价格提高1%，净利润会提高11%。如果我们进一步控制战术层面的定价流程，以消除不必要的折扣，就会发现净利润的收益通常可以有超过20%的利润改善。这通常会导致公司在战术层面上做工作，并对结果非常满意。对于那些决定在战略层面和战术层面同时做工作的公司来说，利润提高幅度可以超过40%。

一家市值30亿美元的半导体公司对折扣管理和交易评估实施了严格的控制。为了确保这些控制产生影响，他们还实施了一项全球一体化的收入和定价计划。与此同时，该公司一直在大量投资技术创新，将真正的新产品推向市场。战术规则的应用与爆款新产品的结合带来了可观的回报。在新产品推出的12个月内，该公司利润增加了4亿多美元。这个案例的有趣之处在于，在这一转变发生时，这家公司仍处于转型定价能力的试点阶段。让我们看看启动该流程的一些方法。

建立自信定价流程的标准

建立定价信心的关键是具备在销售和客户领域的知识。改进战术定价规则和流程是构建定价流程的一个基本要素。即使没有正式的定价部门，你仍然可以通过收紧折扣来增加收入。我们建议定价转型之旅从限制折扣开始。即使考虑到回报，控制交易定价也应该是当务之急。

大多数公司经常抱怨：折扣太多，发放折扣的方式缺乏一致性，以及报价流程缓慢、响应迟钝。这一连串的痛点带来的挑战是，没有一个好的流程标准来促使他们步入正轨。如果不能就合理的价格管理流程和通货膨胀的影响达成一致，公司就无法灵活地调整价格。

结束语

建立定价信心的关键是要选择一条组织可以遵循的路径。很少有组织能够迅速转向基于价值的定价方法。即使是有实力的公司，也要面对难缠的客户和竞争对手，也得挑好说话的客户下手。

好消息是，你可以通过加强折扣管控来提高盈利能力（法则三：摒弃价格折扣）。从加强折扣管控开始，建立并逐步完善定价和协调定价的策略。整个演变过程可能需要数年时间，但每一步都在增强组织对其客户的价值感，并推动结果的改进，从而使公司的盈利能力更强，变得更有竞争力和更有信心。

没有什么比持续的通货膨胀更能吸引商业领袖的注意力。我们希望，当国家的高级商业领袖制定应对通货膨胀的战略时，定价策略中的最佳实践也会被纳入其中。当定价策略得到高管的关注时，企业就会迎来一个前所未有的机会，来进行拖延已久的定价调整，使其定价模型与最佳实践保持一致，并帮助他们应对现在的和未来的波动，无论是通货膨胀还是其他形式的波动。

第二章
法则二：有效的执行胜过好战略

执行与战略，哪个更重要？

高管最重要的责任是执行。不幸的是，企业领导在制定战略上花费的时间更多，而在执行上花费的时间更少。那些持续盈利的企业，通常都是由这样的高管来领导的。首先，他们管理一个有效的价格政策（战略）；其次，他们能确保销售人员和商务团队很好地执行制定的价格。他们要确保销售团队做好了价值沟通的准备，以便客户了解价格与其所获得的价值是对等的。

你是宁愿有更好的战略还是更好的执行？这是很多领导人都在纠结的一个问题。尽管我们在这里告诉了你该如何选择，事实上，没有领导人必须做出这样的选择。这是一种错误的二分法，你不必只选择其中之一。准备充分的领导者会创造条件，同时实施成功的战略并执行。然而，因为有很多领导人认为必须以牺牲一个为代价来选择另一个，所以我们有必要打破这个魔咒，而打破这个魔咒的出发点就是重新定义它们。

战略就是有效地实现目标。当战略反映了对未来愿景的憧憬时，它是有效的。在高管层，战略决策包括定义以下基本的"应该"问题：

- 公司应该从事什么业务？
- 公司应该利用什么作为竞争优势？

- 公司应该追求哪些能力使产品和服务与众不同？

执行包括领导者将既定战略转化为可盈利的商业成功，而做出的所有决策和活动。战略执行是为了实现组织目标而实施战略计划，包括日常组织结构、系统制度和运营目标，为团队的成功奠定基础。

大约90%的企业未能实现其战略目标。哈佛商学院的罗伯特·西蒙斯（Robert Simons）教授在"战略执行"课程中谈到，一个发人深省的现实是，即使是杰出的战略规划，如果没有有效的执行，也会一落千丈。他的研究得出结论：企业战略的失败往往是执行力不足导致的。罗伯特·西蒙斯说："在每一种情况下，我们都会发现一个制定得很好但执行得很差的企业战略。"

我们的主要观点是，虽然战略和执行之间肯定存在权衡，但并没有冲突。卓越的企业能够将战略和执行有效结合，但如果一定要舍弃一个，那就舍弃战略。

让战略简单易懂

我们认为战略被高估的一个原因是大多数战略模型过于复杂。业务经理无法理解战略的多维模型，因此无法出色地执行它们。那些拥有每个人都能理解的且鼓舞人心的战略的公司,在执行方面做得更好。以Netflix为例，Netflix曾经从事邮购业务。比如，用户订购了一部电影，则Netflix寄出了一张DVD。当用户归还DVD时，还可以订购另一张DVD。

2008年，Netflix首席执行官里德·黑斯廷斯（Reed Hastings）做出了一项战略决定：退出邮购业务，转向数字分发业务。过渡期限是五年时间。这一决定带来了更宏大的战略愿景：Netflix最终将涉足内容业务。这一战略向股东传达的信息简单而有说服力。那么，现在Netflix面临的挑战是执行这一战略。高管定义了数字分销业务，制定了使命宣言，雇用了合适的团队，制定了目标和进度表，确定了费用，最重要的是，制定了合适的激励措施。这些都是Netflix在战略背景下取得成果所需的活动。大多数分析人士都认为，Neflix的执行过程近乎完美。这就是Netflix成为当今世界领先的流量订阅媒体服务商的原因之一。

还有一个因素是，负责执行的经理，包括销售团队、商务团队和客户服务团队，很少接受过培训或有权质疑战略。他们被激励着去执行这个计划，不管它是对的还是错的，也不管它是否有效。所以，最有效的解决方案是让战略计划简单易懂，并授权经理（即最接近客户的人）对其质疑。

伟大的执行始于以结果为中心的思维

"一切都从数据开始。"这是我们大多数客户在谈论分析时所接受的一个真理。我们还认为，一切都以数据结束。也就是说，对话从目标开始，然后驱动所需的分析来生成洞察报告，以帮助实现这些目标，并产生预期的结果。整个过程的基础是对做分析的数据的理解（见图2.1）。

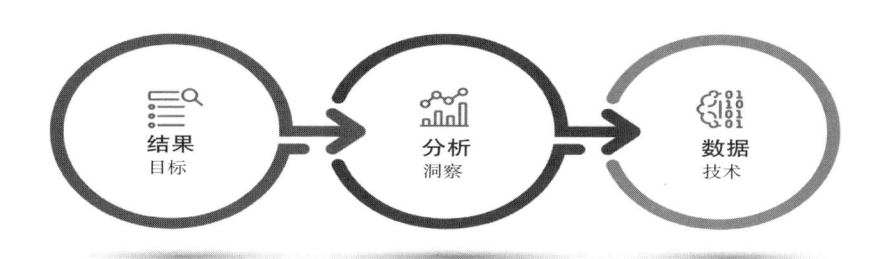

结果 目标 → 分析 洞察 → 数据 技术

图 2.1 基于结果的方法

我们已经多次看到，很多客户在数据的基础设施和工具上花数百万美元，却没有考虑将用它来做什么。相反，他们专注于数据可视化，通过构建可视化的仪表板，能够直观地看到各种流程。在这种情况下，分析策略的目标是将尽可能多的数据汇集在一起，创建无限的数据视图，并生成新颖的数据驱动报告。

我们认为，对于大多数需要解决实际问题的企业来说，这种能力是无用的。这些观点与结果毫无关系，且这种报告通常用于操纵数据以支持已经做出的决策。而分析应该是利用数据和数学来解决业务问题，发现内在关系，预测未知结果，并自动化决策。

企业很容易误解分析的因果关系。他们希望改进决策效率，减少歧义。这当然是我们支持而且值得称赞的目标，但这往往就是企业分析错误的地方。收集数据的动机必须放在了解最终目的的后面：清楚地了解决策是什么或者他们想要改进什么决策。至少，这要求企业能够命名、描述和建模分析应该解决的业务决策。

这是一项具有挑战性的工作，因此可以理解的是，如果一家企业积累了足够的数据，对其进行筛选，通过算法将其进行整合，并在100英寸的屏幕上直观地显示出来，那么决策的质量就会提高。事实上，想通过此类分析实现企业的业绩目标是不太可能的。生成结果的系统可以在毫秒内生成报告，并以图片化的方式呈现。但是，如果一个企业没有定义要改进的特定业务决策或流程，那么分析越复杂，结果就越模糊。

破坏分析是很容易的。在我们的一个项目中，为了驱动一个定义明确的业务流程，我们开发了一个先进的报告系统。销售副总对该系统越来越失望，因为它报告的利润率在高管看来不够可观。因此，管理层要求把利润最低的10%的交易从系统中拿掉。目的是要让月度利润率报告看起来更好看。我们发现，如此操作后，分析系统在所有业务部门、各个层面都遭到了这样的破坏。

即使在存储成本低廉并且高速分析价格合理的当下，我们仍然生活在一个数据相对孤立的世界中，使得我们无法真正地挖掘眼前的价值。我们会看到这种情况的发生：当公司以报告或数据为中心，而不是以结果或目标为中心时，各部门开始为自己的团队创建数据库。一位来自一家定价领先的公司的高管告诉我们："我们仍然在孤立地查看数据，无论是营销数据、销售数据还是定价数据。而我们真正需要的是整体的数据，这样我们才能用它来获取整体的情报。"

限制没有原则的价格谈判是大多数公司所追求的共同结果。然而，在一些泛滥的、没有原则的谈判中，那些离谱的要求通常是没有被提前批准的。

为什么限制没有原则的价格谈判如此难以实现？答案是，大多数企业对他们正在进行的谈判，没有预先分析并确定他们的行动计划。大多数公司会报告交易谈判的"深度"。这里的"深度"是指销售代表为特定交易提供折扣的程度。折扣越深，销售代表和经理之间对话的可能性就越大。大多数时候，我们没有看到这种对话发生，因为报告会忽略这部分。实际上，很少有这样的对话发生，因为销售代表总是报告说："客户从竞争对手那里得到了更便宜的价格，我必须匹配这个价格。"对话通常到此结束，因为经理没有被培训过该如何应对。本例中的行动计划不是为了改变行为，而是需要更好地评估谈判产品的竞争性定价（例如，与产品管理团队的沟通），并制订相应的销售人员培训计划。

简化分析

我们总是惊讶地看到，客户在"大数据"分析中投入了大量的时间和精力，但在推动企业利益的行动方面的洞察却少之又少。在洞察中创造行动的关键是在需要时能够及时提供行动。两个季度前的分析结果在触发行动方面，不如在交易时给出的改变行为的洞察有效。

其实，可以从Excel表格和透视表中的简单关联模型中获得相应的洞察，而不必每次都是多因素综合推导。最近，我们有一个主营软件运营服务（Software as a Service，SaaS）产品的客户，他们有一款与众不同的产品，能根据12个不同的变量来定价，以应对每一种可能的情况。他们打电话给我们的原因是，客户给他们的反馈是他们既无法理解，又无法计算他们的价格。这太让人意外了。我们所做的分析之一是在Excel表格中建立一个简单的相关性模型，以查看哪些变量与价格相关。事实证明，他们完全可以根据其中的两个变量来定价。这是一个巨大的变化，所以他们最终选择了三个变量。

这里的重点是，不要让事情变得复杂，因为如果你使用更高水平（简单易懂）的数学逻辑，人们会认为你的洞察更有效。有效性源于能够让公司赚钱的洞察。

弹性分析提供洞察

新冠疫情初期，一位客户认为这正是实施全面大幅涨价的合适时机。事实上，他提出了100%的价格上涨幅度。领导层要求我们支持他们的战略。我们认为他们提议的涨价是有风险的，而且是过度的。

我们听了他们的演讲报告。当时，他们的定价专家已经做好了功课。那是一个令人印象深刻的期望对收入和盈利都有影响的关于价格上涨的演讲报告。报告认为，即将推出的新产品证明了价格上涨的合理性。随着演讲报告的进行，我们被页脚部位的一行小字震惊，它几乎是一个脚注。这一细节使我们相信，拟议的价格上涨不仅是合理的，而且是公平的。我们对弹性分析的结果感到震惊，这是积极的信号。

价格弹性只是简单衡量需求变化导致的价格变化。它是用需求变化百分比除以价格变化百分比来计算的，这种关系通常是消极的。例如，当飞机票价格上涨时，需求就会下降。这是"负向"或"正常"价格弹性的一个例子。通过我们的客户，我们看到了一个罕见的正向价格弹性的例子。也就是说，需求与价格呈正相关。分析得出的结论是，如果客户提高价格，需求实际上会增加，而且确实如此。

很明显，他们的客户的确需要这些正在考虑中的产品。相对于可靠的供应来说，价格就不是那么重要了。这种洞察本身就是价格上涨的良好理由。但还有一个细节，就是对价格上涨的信心源于"公平"的价格。公平是价值的一个要素，我们在弹性分析中谈到了一部分，但这还远远不够。

为了决定是否实施涨价，定价部门对竞争对手进行了调查。调查表明，竞争对手的产品定价明显偏高。与此同时，市场对竞争对手的产品质量评价较低。出于这些原因，该公司领导认为，价格上涨100%不仅是合理的，而且会被客户和销售人员认为是"公平"的。

该公司的理论部分做得很好。该公司领导层明白，即使他们的客户暗自认为涨价是合理的，但私下里仍然会抱怨。所以该公司执行涨价决策的过程包括对公司高管进行培训，以确保所有领导都同意涨价，并为他们提供应对异议的工具。

紧接着,执行涨价决策的下一步是与前十名客户的客户代表沟通。沟通的议程是当客户的不满情绪升级时该怎么办,就像客户通常会做的一样,会上升到管理层,甚至到首席执行官那里。当向正在做测试的客户告知产品涨价时,我们会评估他们最初的反应和他们使用的论据。我们对销售人员进行了培训,使他们能够回应并处理客户的价格投诉。此外,我们培训销售人员,让他们以提供更高的价值为基础,来捍卫价格上涨的公平性。并且,向客户表明之所以在新冠疫情期间这么做(涨价),是因为许多企业都面临着供应链紧张的问题。

通过这次培训,销售人员被说服了,因为公司的高层管理人员支持涨价,并期望他们也这样做。结果怎么样呢?价格上涨一事如期进行,疯狂的折扣也消失不见。当然,有些客户威胁该公司,他们要离开并与别人合作;有些客户确实离开了一段时间,但大多数人最终还是回来接受了涨价。

更好的价值信息和客户定位

创造高价值影响信息的目标之一是识别客户对价值的触发因素。这些信息在定位涨价时至关重要。它们是运营或盈利模式特征,使得销售人员可以通过简单的提问技巧来确定客户需求。这些触发因素可以基于企业的运营方式、核心战略或多种因素的组合。一旦理解了这些价值的触发因素，就可以将其简化为一个简明的问题列表，帮助销售人员识别高潜质的客户。关键是问题必须清晰、直接，并能够得出具体的答案。我们发现这种工具很受销售人员欢迎。

我们曾与一家服务型的公司合作，其核心业务是提供更好的印刷营销材料管理服务。该公司围绕着提高效率和减少在开发、管理和分销过程中这些材料的浪费开展工作。在与客户谈论价值时，我们发现他们可以在合同的前12～18个月内，将客户的宣传材料成本降低20%～40%。其中一个对目标客户资格审查的问题似乎令人惊讶："你的产品手册上有多少灰尘？"如果储藏室里的印刷手册上有一层灰尘，这就很好地表明印刷了太多的手册，或者他们的手册分发缺乏专业管理。

一旦我们的客户确定其产品手册上堆积了灰尘，就能说明他们在手册上过度投资，销售就需要利用其对客户价值的了解，提出清晰的、可量化的和相关的价值主张。由于在研究客户价值方面的努力，该团队能够通过成功案例和客户证言来支持价值主张。

"通过减少过时库存和使用我们的技术来精准匹配实际需求,我们能够为你降低成本。"现在，该团队迈出了引人注目的第一步，向客户证明了价值。"为了展示我们能为你的业务做些什么，我们想从评估你当前如何使用和管理营销材料开始。然后，我们将会为你的成本改善及当前流程和程序的效率改善，提供一份路线图。"

通过提出一些简单的问题，该公司开始展示对客户的财务影响：

- "通过使用我们的服务，你是否看到了在印刷营销材料管理方面的改进？"
- "如果有改进，这些改进是什么？它们的影响是什么？"

现在，该公司以正确的价值信息和影响力瞄准了目标客户，在接下来的两年时间里，业务以每年20%的速度增长。

识别能带来利润的客户群体

在全球市场范围内，确定哪些客户和市场是无法带来利润的。如果一些是微利客户，而其他客户的利润明显更高，那么你的公司是更适合为前者服务，还是更适合将资源集中在更赚钱的机会上？这是一个攻守策略的问题。让竞争对手为无利润的客户提供服务对你来说会更好。因为这对你来说是少了一个负担，对他们来说则是多了一个负担。

确定是否希望销售人员去敲门是很重要的。如果你不确定这些门是否值得去敲，销售人员就会浪费时间向不认可你产品价值的客户推销。如图2.2显示，不幸的是，B2B销售公司在客户定位和选择方面的记录并不好。利昂·阿鲁西（Lion Arussy）在其著作 *Profitable:Why Customer Strategies Fail and Ten Steps to Do Them Right* 中引用的研究表明，有高达79%的B2B销售公司没有区别对待客户，没有对所有客户进行全盘分析。

80/20法则也叫帕累托曲线（Pareto Curve）。80/20法则表明，平均而言，80%的业务来自20%的客户。因此，我们倾向于关注贡献大部分业务的大客户。那么让经销商管理20%的业务，是一个好策略吗？并非总是如此。根据Holden Advisors的研究，大公司成为价格型买家的可能性是其他公司的两倍多。

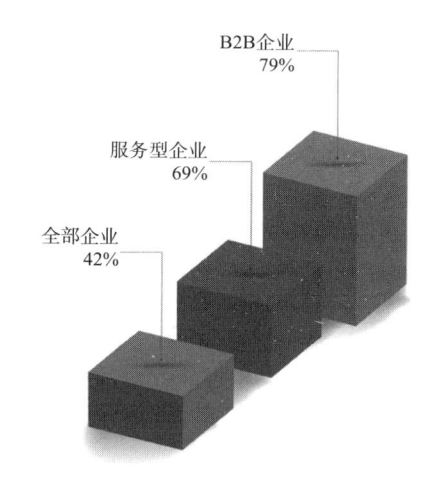

图 2.2 响应所有客户的公司的百分比

为了更好地突出这个问题，成本会计制定了"20-225"法则。罗宾·库珀（Robin Cooper）和罗伯特·S.卡普兰（Robert S. Kaplan）在 *Profit Priorities from Activity Based Costing* 一文中表明，一旦考虑到支持客户的成本，只有约20%的客户是能带来利润的。事实上，这20%的客户占利润的225%。当然，这意味着其他80%的客户损失了125%的利润。这一原则同样适用于私营企业和上市企业。

现实情况是，为相当大比例的客户提供服务对任何企业来说都是一种损失。当然，公司面临的挑战是如何区分为其服务的客户是有利润的还是没有利润的。这就像一个多世纪前百货公司大亨约翰·瓦纳马克（John Wanamaker）说的那一句久经考验的格言一样："我花在广告上的钱有一半被浪费了，问题是我不知道是哪一半。"

在区分有利润的客户和没有利润的客户的情况下，首先要做的是选择低利润的客户。首先，列出所有的客户清单，从最赚钱的客户到最不赚钱的客户，确保最有利润的客户获得最大的资源份额。然后，将注意力集中在利润最低的5%或10%的客户身上，并与他们解约。这些客户获得了很大的折扣，但他们没有兑现承诺给你的业务量。这些都是在客户服务部门有速拨号的客户，是需要高频率维护的客户，因为他们的服务要求特别多。同时他们也是那些逾期付款的客户。换言之，就是这些客户消耗了公司的服务资源和财务资源。

与他们解约将有三个结果。首先，它会增加你的利润。尽管刚开始，这可能会让你损失一些销售收入。其次，它将向销售人员和客户发出信号，表明公司有定价标准，并愿意遵守这些标准。你的销售人员和客户服务人员会因此而爱上你。最后，它将释放销售和服务资源，以追求利润更高的客户，可以为公司增加利润和收入。因为他们渴望生意，所以大多数经理都会反对与客户解约。虽然我们也不喜欢这样做，但是我们的目标是将没有利润的客户换成有利润的客户。在做出单方面决定之前，我们建议你与客户坦诚交谈，告诉他们为什么现在的合作关系不可持续，让他们知道你准备结束这段合作关系。一定比例的客户会理解并愿意按照重新协商的条款继续与你做生意。

价格折扣有多有效？

战略的本质是有效配置稀缺资源，以实现最大回报。换言之，如果作为一名经理，为了公司，你要做一些事情，无论是花时间、金钱，还是两者都有，你都应该对这些支出在增加利润和销售额方面的回报有一个基本的了解。

想想你日常所做的事情。例如，你参加会议讨论新产品或更高效的运营，这两项重要活动旨在提高销售额和利润。如果你打算给予价格折扣，难道你不想确保折扣能为公司带来更多的收入和利润吗？

在谈判过程中限制无原则的折扣是大多数公司所追求的共同目标。然而，折扣泛滥，离谱的要求通常是没有事先批准的。这很可能是因为大多数公司都没有提前做折扣分析的行动计划。大多数公司都会报告交易中谈判的"深度"，这里的"深度"是指销售代表为特定交易提供的折扣的程度。折扣越大，销售代表和经理之间就越有必要进行对话。大多数时候，我们没有看到对话发生，是因为报告被忽略了。如果我们这样做了，那么销售代表的回答几乎总是："客户从竞争对手那里得到了更便宜的价格，我们必须提供与之相匹配的价格。"然后经理走开了。

这是一个真正的以结果为中心的，限制无原则的谈判的分析过程应该有的样子。首先，确定这是一个行为问题，还是一个流程问题，或者是市场驱动的问题。此过程是必须的，因为根本原因决定了你的行动方案。因此，我们将有三个谈判结果，而不仅仅是一个。

对于行为问题，我们建议按产品和客户对卖方谈判进行分析（见图2.3），以查看他们是否以整体百分比进行谈判（例如，5%、10%、15%等）。（如果我们在这里找到卖家，那么预先确定的行动将是培训，然后是监控变化。）对于破坏流程的问题，例如折扣批准率超过50%，就应该触发调查以了解流程的有效性，也许我们需要更改升级阈值，也许经理需要更多培训。

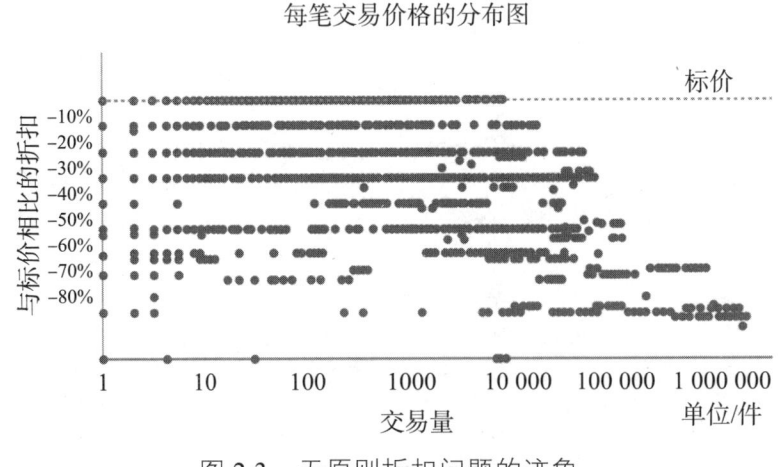

每笔交易价格的分布图

图 2.3　无原则折扣问题的迹象

市场驱动的情景是最难判断根本原因的。如何确定这是一个真正的竞争场景？我们看到两种管理客户的方式。第一，通过详细的原因代码，你可以在客户关系管理（Customer Relationship Management，CRM）中搜索到，以确定该客户使用此产品的原因和频率。第二，你还能看到客户衡量其每日原因代码中出现竞争价格的频率，并查看是否与同类细分市场的滚动平均值存在偏差。如果存在较大的偏差，那么你就知道竞争对手正在对特定产品进行价格调整。

正如你可以从限制无原则的谈判的案例中看到的那样，分析也不总是需要有数据科学家参与才能获得商业利益。你根据自己的洞察采取的行动已经驱动了价值。

使用约定规则控制价格折扣

在审查了折扣分析的结果后，商务团队需要决定何时给予折扣显然是错误的。可能是小客户，也可能是那些购买你的高价值产品和服务的客户，而你几乎没有竞争对手。它可能位于某些特定区域的市场，可能是那些没有接受过价值培训的销售人员。团队必须确定在何处可以提供折扣以及在何处停止提供折扣。

我们称为约定规则。制定了简单的约定规则，让销售人员和经理知道你开始限制价格折扣。同时，也让别人知道你愿意放弃一些生意。如果你已经做了一项体面的工作，定义了约定规则，那么就不应该失去有价值的业务。我们的意思是，希望你已经发现了向客户提供折扣是错误的。如果他们决定离开，这对你的生意会有好处。如果竞争对手接管了他们的业务，这对你来说是件好事，而竞争对手的利润率也会下降。

约定规则的诀窍是从容易的事情开始。我们看到很多公司拥有各种各样的基础数据，从完全分散的到单一的真相来源，以及介于两者之间的一切。我们的指导意见是，没有完美的数据。从客户使用和交易数据开始。一旦收集到洞察，就可以决定给每个地区、每个客户群体折扣的正确"预算"是多少。约定规则应该是每个想要折扣的客户都必须获得折扣。

认真遵守新的约定规则，否则你就是在浪费时间。销售经理只会继续进行内部谈判，争取更多折扣。我们认识的一家公司每年都会审查卖家的折扣表现，并与执行最极端折扣的卖家解除合作关系。这种"排名与解雇"策略还有其他成本，但它无疑传递了一个关于组织价值观的信息。

我们从未见过战略胜过执行。另一方面，在与价格政策保持一致的领导团队的支持下，执行将始终优于战略、结构、资本配置甚至市场条件的限制。

第三章
法则三：摒弃价格折扣

打折是一种坏习惯

打折是许多组织根深蒂固的习惯。虽然打折是定价者使用的一种手段,但习惯性的打折并不是改善客户关系的最优行为,还会把钱留在谈判桌上。在许多情况下,打折会变成一种习惯。打折虽然简单并可以完成短期KPI,然而一旦一个组织陷入打折成瘾的状态,在谈判开始之前这场战斗就注定是失败的。消除任何根深蒂固的习惯的最好方法是用另一种习惯取代它。销售骨干向整个销售团队发出信号,表明新的信心和令人兴奋的新工具已经到位,有助于销售团队改掉打折的习惯。

即使在最基本的分析中,如客户规划、盈亏评估和客户盈利能力分析,也能体现出草率打折的危险。它在组织中成为一种文化,且卖方靠打折赢单并作为他们签单的支柱。如果你有一种打折的文化,而你的客户知道这一点,那他们就不会相信你提出的任何建议。这就是我们制定第三项法则——摒弃价格折扣的原因。

成功的商务团队会花时间了解他们如何为客户创造价值,并知道如何利用价值开展对话。最好的公司知道,为了向潜在买家发出重要信号,他们必须对自己提供的价值表现出一点傲慢。这个信号是:我们对我们提供的价值充满信心,因此对我们的价格也同样充满信心。此外,改掉打折的习惯也为展示其他差异化领域创造了空间,如产品、展示、物流支持和客户服务等。

这种态度取代了降价的本能反应，取而代之的是强有力的谈话开场白："我们能分享我们如何帮助另一家公司解决与你相似的业务问题的结果吗？"这个问题取代了许多销售团队向客户和潜在客户发出有折扣的信号的"告知"。客户所要做的就是追求更高的价值、更低的价格，或者两者都要。你的反应向他们发出了一个信号，表明你的"严肃性"和对自己价值的信心。

采购人员经过培训、激励和管理，为公司节省成本。他们关注获得折扣。聪明的销售人员会为对话提前做好准备，并且会在对话过程中利用好其商务团队审核过的"给予—获取"工具。这种小小的傲慢，在买卖双方之间建立了公平的竞争环境，对于卖方来说，这是要求公平的价值回报的勇气。

改掉打折的习惯

试想一下，有多少次你觉得需要通过提供打折来实现季度或年终销售目标？在我们服务的客户中，我们还没有遇到过一家客户可以诚实地对打折说"决不"的。当你有责任经营一家企业时，保持收入增长，以支付工资和保持员工生产力的压力是巨大的。当市场增长且客户充足时，这种压力有时会得到缓解。但是，当行业不可避免地放缓速度时，打折的压力会成倍增加。

有一点是可以明确的，那就是问题不在于打折。有时降价是最佳反应。但是，当打折成为一种习惯，未经思考的、毫无节制的折扣，是极具破坏性的。这是一种打折嗜好，任何一次销售机会都包含打折计划。打折就像上瘾一样，是很难停止的。企业组织习惯于打折，于是他们辩称这是"行业惯例"。我们合作的客户告诉我们："我们别无选择，只能打折，因为我们的竞争对手正在打折。"事实上，竞争对手看起来不可理喻，也是因为他们有同样的嗜好。顺便说一句，竞争对手对客户的描述也是一样的。

改掉打折的习惯的一个好方法是，计算打折的习惯在盈利能力和失去的机会方面给组织造成的损失。这不是一个很容易分享的计算，因为它需要一些尴尬的对话，目的是让组织承认自己有一个坏习惯。否认是一种强大的力量。你需要的是一个纪律严明、无所畏惧的定价团队，善于跟踪打折情况。如果你甚至想挑战一个习惯，那么第一步就是引用法则一中描述的价格/销量图。

死循环

从销售人员的角度来了解一下情况。当销售人员拿到当年的目标或业绩指标时，他们会根据自己的能力和一些假设来交付结果。诸如拥有合适的产品组合、产品按时交付，以及了解竞争对手的做法等假设，这就是问题开始的地方。实际上，任何事情都不会像预期的那样发生。比如，利率上升、货币兑换变得不利、产品交付中断、竞争对手降价、客户对价格更加敏感等。当事情没有按预期进行时，就会导致我们所说的死循环。

假设销售人员受过良好的谈判培训，或者他们对降价幅度有限制。无论哪种情况，结果都是一样的，销售人员尽其所能守住底线。他们会因此得到奖励吗？不会。结果是，在月度、季度或年度结束时，如果组织的业绩没有达到预期，管理人员就会集体出动，采取必要措施弥补差距。也就是说，无论需要做什么，付出什么代价，都要与客户达成交易。就如一句古老的商业格言所说的那样："如果你唯一的工具是锤子，那么所有的问题都像钉子。"因此，需要完成业绩指标的管理者也是如此。他们有一个问题，而他们唯一的工具就是价格。因此，出现了反射性打折。

白马骑士综合征

如今的管理者希望被视为英雄，挽救局面，避免尴尬的问题。然而，恰恰相反，他们所做的通常是降价。这不仅远没有解决问题，反而破坏了组织的价值主张。这种现象被称为"白马骑士综合征"，是为了纪念一档电视节目：当一个独行侠般的英雄骑着白马在尘土飞扬中进城，来拯救这一天时，其中一个长期存在的复杂问题得到了解决。然后，英雄就离开了，这样就避免了每个人提出一些尴尬的问题，比如，"我们一开始是怎么陷入这种混乱局面的？"

一位经理拒绝参加这场没有胜算的比赛，直到部门总裁绝望了。当时正值业务低迷时期，如果该部门没有实现目标，部门总裁的奖金将会泡汤。这位总裁的反应是可以预见的，他授权经销商在月底打折囤货。因此，第一个月的业绩很好：公司在当月完成了业绩目标，部门总裁拿到了奖金。

然而，接下来的一个月就大不相同了。为了享受慷慨的折扣，客户都已经提前下了订单，而且完全能满足当月的需求，因此本月没有任何新的订单进来。那么这位高管做了什么回应呢？是的，他给买家制定了另一个折扣，来填补销售漏斗中的预测业绩。这种战略是不可持续的，我们知道，不可持续的东西必须停止。那么，这家公司完成了业绩目标吗？当然没有。别忘了，整个大环境正处于业务低迷期。所以这家公司需要调整期望值，而不是操纵定价来产生毫无根据的业绩数字。

该公司在第三个月停止了疯狂的打折行为，决定面对现实。在第三个月的最后一周，经销商都不下订单，显然在等待再次降价。当额外的降价迟迟没有兑现时，客户开始打电话询问什么时候给折扣。当他们听说不再有折扣时，他们开始像过去一样下单。

在大多数市场中，将价格作为主要竞争武器不会带来任何额外的业务。它只会让客户更加关注价格，而不是价值。这位高管没有达成自己的业绩指标，公司不得不没收已经发放的奖金。但更糟糕的是，该公司因提供不必要的折扣而损失了数十万美元的利润。

白马骑士综合征对销售人员的影响

白马骑士综合征对销售队伍的影响如何？销售人员很快了解到，如果经理要关注价格，他们也应该关注。他们不再关注价值，他们不太担心是否能成为好的谈判者。当客户要求更低的价格时，他们要么答应，要么说他们必须请示经理的批准。无论哪种情况，客户都知道自己赢了。销售人员开始对公司的长远利益漠不关心，也不再倾听高管口中的价值言论了。

更糟糕的是，接受白马骑士综合征的公司开始开发系统，使功能失调的流程正规化。创建的表格和政策是为了规定谁可以控制价格，整个部门纷纷支持这一流程，累积这些价格异常的请求。每个人都学习如何玩游戏。聪明的销售人员学会了如何成为内部先锋队员，为客户提出要求并获得更低的价格。失控的折扣已成为企业文化的一部分，深深植根于企业的DNA中，未经检查也无法检查。对任何定价策略的信心都会丧失。

然后，总体的合理化开始了。高管们错误地认为，他们创造的困难条件是他们无法控制的局面。他们的口头禅变成了"孩子，这是一个残酷的行业"。悲观主义成了接受的象征，谈论价值被视为无关紧要。他们说："唉！价值营销在我们这个行业永远行不通，这太难了！"

幸运的是，没有什么比真相更糟了。

这里有一个案例。最近，我们与一位高管合作，他有兴趣在其业务部门（一个对大型企业集团很重要的部门）改掉打折的习惯。我们帮助这位高管，为多条产品线绘制了价格/销量规划路径图。他和他的团队计算了这些规划路径图，考虑了异常值，并找出了他们希望销售团队控制的客户。他被拒绝了吗？当然，他遇到了很多阻力。但只有极少数例外，他利用自己的权威建立了销售团队所需的信心。结果如何？销售量和营业额都大幅上涨。在某种程度上，他的工作使他的部门成了该集团的明星。

打折不能脱离实际

打折永远不能脱离实际。公司和管理者开发了允许打折蓬勃发展的系统和流程。尽管试图极力控制折扣，但仍会出现折扣。许多公司已经设置了一些系统，为要求提供折扣的销售人员设置了障碍。经理们这么做，是因为他们认为这样就可以限制折扣。该公司还建立了一个例外交易的流程，以审查更大折扣的请求。这些流程变得更加烦琐，且流程中审核的人员也越来越多。业务部门的总裁必须在折扣请求上签字。很快，这就成了他们80%的工作量。

正是这种打折心态，让客户有了获得更低价格的切入点，而这些折扣价格往往不是完成销售所必需的。我们不责怪客户为折扣而谈判，我们指责的是这种打折的习惯。我们已经看到折扣在各种可能的方式下都是合理的。一些公司以客户为理由，一开始只向最大的客户提供折扣。因为这些是大客户，他们订购了大量的产品和服务，也许是行业中最大的机会，也许他们的交易量使折扣合法化。但这些公司总是屈服于折扣的侵蚀，通常是在最初的成功之后，后来就扩展到即使项目或任务超出其最初目标也仍然提供折扣。然后，中小型客户也开始获得折扣。

许多公司证明按产品打折是合理的。在这种情况下，打折只针对竞争激烈的产品。接着，折扣开始蔓延。很快，该公司的新技术、高价值的创新产品也开始打折。当然，也有一些理由，比如有能力将低价值的产品放在同一个采购订单上。但结果是一样的，最终在谈判过程中把钱留在了谈判桌上。

我们与一家SaaS公司合作，该公司提供数据服务，使其客户能够针对目标消费群体，开展精确的营销活动。该公司由两名工程师创建，开发了一种创新的、基于算法的数据解决方案。和大多数工程师出身的创始人一样，他们的重点不是定价，而是数据操纵和交付平台。创始人花费了全部精力来发展公司，并与每个客户合作以提高使用率。在营收达到1亿美元的里程碑之后，创始人意识到他们的定价策略没有跟上技术领域的创新速度。他们要求我们就如何优化定价提出建议。

我们对其公司进行了评估，立即发现了一些我们完全没有想到的东西。该公司善于抵制新客户的折扣要求。事实上，该公司善于招收愿意支付无折扣价的新客户。然后我们查看了历史定价数据后发现，现在的情况变得有问题了，该公司为特定客户服务的时间越长，客户获得折扣的可能性就越大。

如果给每个客户的折扣能够带来更多的销量，那这种行为可能是合理的。为了评估这一假设，我们将折扣行为与每个客户的销量进行了叠加。猜猜我们发现了什么？那就是价格变化对销量没有显著影响。销售团队只是为了让他们最好的客户满意而放弃价格而已。

我们还发现，根据客户对产品的使用情况，他们的市场并不是很有弹性。客户要么使用SaaS产品，要么不使用。价格的高低很少决定他们要使用多少产品。基本上，当价格波动时，他们得到的销量是一致的。我们与他们的客户进行了交谈，并确定他们实际上可以根据自己提供的价值提高价格，而不会根据客户如何使用他们的解决方案而损失任何销量。最终该公司停止了这种折扣，收入和利润都增加了。

通货膨胀期的绝望定价行不通

我们正处于40年来最严重的通货膨胀时期。每一个预期都表明通货膨胀将伴随我们相当长一段时间。根据我们接到的电话，我们了解到很多客户都担心通货膨胀时期的经营情况。所以，我们的第一条建议是：不用焦虑，不是只有你面对这样的问题。没有人有在通货膨胀时期运营的经验。此外，面对普通的通货膨胀，你往往是无能为力的。

因为它的影响非常大，任何一个小公司，甚至任何一个国家都不能幸免，它是全球性的危机。

有打折文化的公司真的很难实施有效价格上涨策略。用这些涨价来弥补增加的成本是至关重要的。所有客户都必须接受价格上涨。如果不能接受，公司将遭受哑铃式的定价，即对一些客户实施高价，而对其他客户实施低价。这将导致你最忠诚的客户对你失去信任，并迫使你的公司整体转向玩扑克游戏的行为。

我们对通货膨胀的第二条建议是：认识到你不能通过"定价"（比如，打折）来摆脱通货膨胀。为什么呢？我们将在"**法则五：战略决定方向**"中具体讨论这一点。打折所能做的就是吸引那些对价格敏感的客户，往往这些客户可能是你不想与他们打交道的客户，因为这些客户往往是没有利润的，并且这已经是最好的情况了。

最近，一个糟糕的情况发生在我们的一个客户身上。我们曾经服务于一家专业的服务公司，该公司面临着成本上升（通货膨胀）和需求放缓的情况。这家公司做了什么？他开始打折，期望弥补需求的下降。当然，该战略未能解决业务问题。在我们分析了情况之后，我们了解到两件事：首先，我们看到该公司在没有收益的情况下打折。换言之，打折并没有产生预期的需求上升。其次，打折的动力不是来自离客户最近的销售团队，而是来自组织中越来越绝望的高层领导。我们了解到问题不仅仅限于打折，该公司实际上已经与竞争对手展开了一场价格战，在需求与利润和收入一样难以捉摸的情况下，该公司开始了一场逐底竞争。我们给的解决方案是培养一些销售骨干（法则九：培养销售骨干）。

第三条建议：停下来并思考一下你正在做什么。当处于危机之中时，领导人可能会非常想做些什么，而且什么都想做。但是，与其对问题做出反应，不如先停下来，然后思考一下实际的根本原因是什么。思考一下打折带来的问题，寻找更好的方法。在某些情况下，公司领导必须冷静下来，削减成本，并尽可能在问题时期生存下来。这就是我们和很多客户跨越新冠疫情和上一次经济衰退的法宝。

通货膨胀带来了一系列独特的挑战。最坏的反应是长时间什么都不做，然后决定唯一的生存方式就是大幅涨价。结果通常是可想而知的，最好的客户会离开你，你的盈利能力也会急剧下降。即使打折成功地吸引了新客户，他们也往往是价格型买家。这些客户往往会有特殊要求，比如投诉、退货及其他要求，让你的服务团队不堪重负。与此同时，服务团队对优质客户、忠诚的客户关注减少，导致其中的一些客户为了寻求更好的服务而投靠竞争对手。你很难将价格型买家转变为对公司忠诚的、可带来利润的客户。

那么通货膨胀时期该怎么办？一旦看到自己的成本上升，就立即一刀切式地涨价吗？不要犯不断涨价的错误，那样只会让客户感到厌烦。提高价格，给客户道歉，并解释和证明价格上涨的合理性，以利用涨价来寻找继续提供更好的产品和服务的方法。大多数客户都对他们的客户做过同样的事情，所以他们会理解的。当你调整通货膨胀时期的价格的同时,你再仔细看看那些价格型买家,他们可能已经融入大众客户群中了。这些价格型买家中的大多数可能都是没有利润的客户,舍弃他们,让竞争对手在他们身上赔钱。

这一切都不容易

我们理解,当读者聆听本书的教训并考虑我们提出的相关建议时,可能会认为"你说起来很容易"。事实并非如此。就像你一样,我们要经营业务,要服务客户,要支付工资。我们给出的任何建议都不是建立在这些事情都很容易的基础上。

我们经常听到的第二个反对声音是:"你不了解我们的行业"。事实上,这两种反对意见都是由抵制变革的人提出的。现在,变革并非易事。我们倾向于将精力集中在那些认为需要变革的客户身上,并希望帮助他们了解需要什么变革,以及如何使转型尽可能地顺利进行。我们从不告诉客户变革会很容易。对于那些抵制变革的人,我们的首要任务是教育。我们希望传达组织应对定价、竞争和折扣问题的变化可能带来的好处。我们了解到,无论产品、服务还是世界各地的位置如何,只要公司领导层下定决心,价格折扣都可以得到有效控制。

第四章
法则四：了解你的价值

了解价值很重要

价值是所有商业活动的基础，了解它，拥有它，才有可能取得成功。法则四的目标是从根本上把你与客户认可的量化价值联系起来，这些价值决定了你的产品对客户走向市场的贡献。如果你能做到这一点，定价就会变得更加精准和透明。如果把定价比作玩扑克牌，那么了解你的价值就可以消除客户虚张声势的能力，就好像你能看到对手隐藏的牌一样。

为什么要了解价值？

客户使用你的产品或服务是为了什么？

哈佛商学院已故教授——克莱顿·克里斯滕森（Clayton Christensen）曾用这个问题来探究客户对产品或服务的需求。客户"使用"你的产品来完成某项对他们有利的工作。由客户决定的这一优势，为如何衡量你的产品为客户带来的价值提供了一个明确的渠道。

本书的重点是关注B2B业务的定价。向企业销售产品/服务要比向一般消费者销售更复杂，因为向一般消费者销售的产品/服务的价格几乎是不可谈判的。消费者不太可能向沃尔玛的收银员要求一升牛奶的折扣。理解客户价值是B2B业务定价的核心。企业之所以购买你的产品/服务，是因为他们经常将购买的产品/服务加工转化后再销售给其他企业。虽然数量可能相差很大或很小，但对客户业务运营的影响可能是巨大的。了解价值也很重要，因为B2B客户希望进行价格谈判。如果没有对价值的了解和信心，卖方就无法捍卫其价格。

价值的力量及在通货膨胀市场中的运用

基于价值的定价是一种定价方法，在与竞争对手竞争时，用来赚取其产品为客户带来差异化价值的那部分利润。客户购买产品或服务，是为了获得超出其为产品或服务支付的价值。了解该价值有助于为相关产品或服务设定公平的价格。组织应该创造一种文化，鼓励销售人员了解并相信这种价值观，从而激励他们在销售和谈判过程中更加自信。与价值文化保持一致是任何组织高层领导的关键成功要素。

价值就是王道，即使在通货膨胀的市场环境中也是如此。试想作为一个客户，看到自己喜欢的产品涨价，如果该价格仍低于你使用该产品的量化价值，那么涨价就是合理的。所以，在通货膨胀的市场环境中，只对能够为客户带来价值的产品涨价，是首先要做的事情之一。

相反，每当客户认为你不再基于价值采取公平定价时，沟通就变得更加困难，客户开始考虑替代方案。在这种情况下，你需要认真地问一问自己：竞争对手在做什么，这个客户的黏性有多大，这个客户的利润有多大，以及将来我调整价格的能力如何。

我们建议根据为客户带来的价值进行定价。这里重要的一点是设定价格，邀请客户认同获得的价值，同时确保作为供应商的你也能获得相应的份额。

接受价值观

了解价值是商务团队中每一位成员都需要培养的业务技能：专心致志地倾听客户的心声。客户会很乐意为你提供信息，这些信息是商务团队在构建价值时所需的关键洞察。但是，如果客户觉得团队成员没有认真倾听他们的心声，就不会提供信息。

这样的倾听之旅，不一定是一个庞大而复杂的研究项目。最有力的洞察通常来自直接提出开放式问题，并仔细倾听。在这种信息收集模式下，销售团队可以成为贡献智慧的重要来源。事实上，在销售和支持周期内的任何阶段，任何与客户接触的人都可以抱着发现价值的心态与客户交谈。每一个收集客户情报的机会，都会对你自己的公司产生有益的影响。

有一个问题，我们不建议询问客户，那就是："你觉得我们的价格怎么样？"直接询问你的价格是邀请客户对价格表态。每个被问到的客户都会说你的价格太高了。这令人惊讶吗？你的客户有充分的动机让你相信这一点。更糟糕的是，这种做法使谈话偏离了目的。

最好的问题集中在他们的需求和需要解决的关键问题上，以及你的产品带来的价值和两者之间的关联关系中。关键是了解你给客户带来的价值，然后用这些信息来支持价格的公平性。一旦你理解了你能带来的价值，并证明你的价格在这个价值下是合理的，你就改变了谈话的方向。它不再仅仅是价格问题，相反，这是关于价值的，然后才是价格。

最近，我们对大型金融机构所需的产品进行了价值研究。从初级市场调研开始，重点是了解客户使用该产品的好处。只有在我们确定了价值主张之后，才会评估客户对有限范围内的价格上涨的反应。在这种情况下，收益或价值远远超过了调研过程中发现的客户可以接受的价格。因此，我们的客户能够提高价格，他们的客户毫无怨言地接受了价格。这是一个很好的例子，说明利用法则四能够增加收入和利润。

与倾听采购经理的意见相比，倾听高管的意见需要一种不同的方法。对于基层利益相关者，倾听团队提出的一系列探索问题是完全合适的。但是对于高管来说则不然，应该以洞察而不是问题为导向。在这一点上，你的工作是为高管提供价值，同时从他们那里收集洞察信息。他们不应该在他们的业务上教育你。对你来说，研究和做足准备是关键。如果你有时间与领导团队的任何成员交流，你应该了解他们的业务和痛点，并进行对话，深入了解他们可能没有考虑过的机会、风险和解决方案。

为什么要与客户谈论价值?

你的客户是有关价值信息的最大来源,而且其价值基于他们对产品的使用。这对于不同的公司可能有所不同,价值不应该一刀切。为了调查客户对价值认知的细节,我们建议可以询问以下两个问题:

- 驱动需求和态度的因素是什么?
- 对供应商和客户来说,解决这些驱动因素的影响是什么?

回答完这两个问题,我们可以回答一个更基本的问题:

- 确切地说,我们在哪些方面为客户的业务提供价值?

如果这些问题得不到答案,公司就会陷入困境。企业都希望将资源集中在为客户提供财务价值的最佳机会上。同时,他们尤其希望专注于培育那些能够将业务价值与竞争对手区分开来的领域。如果在这些领域获得洞察,可能就会对业务产生深远影响。它使企业能够开发出更具价值的产品,基于这些产品找到最佳目标客户,并授权销售组织销售价值,捍卫价格。

要想自信定价,了解客户、了解他们的业务及其价值的一些基本情况是至关重要的。这些洞察取得了一些重要成果,为更好的市场细分、目标定位,以及开发客户认为的有价值的产品铺平了道路。这些洞察也为明确定义价格与价值的平衡奠定了基础（法则八：建立"给予—获取"机制）。卓越的价值定位和更好的定价是这些洞察的额外收益。如图4.1所示，总结了了解客户价值的力量。

指导性问题	目标
客户看重什么？	依价值细分的机会
价值的主要区别是什么？	多个产品级别
是什么导致了这些差异？	产品和服务围栏
寻求或接收不同价值水平的客户有哪些特点？	可量化的价值主张
实现价值的最佳方式是什么？	反映价值的价格
获取价值的最佳方式是什么？	反映价值的价格

图 4.1　了解客户价值的力量

图4.1中的问题和目标的进展强调了一个出乎意料的点：你越欣赏你为客户提供的价值，商务团队对价格就越有信心。在这种情况下，知识可以保护并增加利润，甚至会给你带来更好的效益。

这些知识有助于改善营销策略、加强产品管理并有效提升销售技巧，使人们不断进步。正是通过这些活动，我们为客户创造并构建了价值。当企业用这种方式来理解其对客户的价值时，将价格定位于所提供的公平价值是非常简单的。

客户希望谈论价值

对于怀疑论者，当我们建议询问客户，如何定义价值以及供应商如何做出贡献时，最常提出的反对意见，都会采取以下形式：

为什么我们的客户会分享这种信息？他们是不是疯了来和我们谈论他们如何赚钱，以及我们的产品如何帮助他们赚更多的钱。难道他们不害怕我们会利用这些信息来对付他们吗？难道他们不认为这是一个诡计，让他们给我们涨价的理由吗？

我们的经验是，一般来说，客户不会对供应商提出的诚信问题做出这样的反应。当然，客户必须有一定的信任基础。长期的伙伴关系通常为信任提供了基础。反过来，商务团队必须显示出他们真诚地收集信息，以实现双方的利益。换言之，如果人们认为这些信息将帮助客户更高效地运营，那么客户可能会很欣赏这种对话。实际上，大多数客户都渴望谈论他们的业务、目标和他们为成功所付出的努力。他们这样做的动机很简单，那就是供应商越了解他们的业务问题，他们就越有能力来制定相关的且有价值的解决方案。

要收集到这些信息，不仅需要良好的倾听能力和探索技能，还需要将你的观点从内部视角（专注于你认为你能提供的价值）转变为从外到内的视角（客户感知的绩效、利益和价值）。只有后一个视角才起作用，因为客户决定了价值。

最后，还有一个考虑，那就是这种分析必须在特定竞争对手的背景下来进行。因为客户总是在有竞争对手的背景下考虑解决方案。没有一家企业能脱离现实来经营业务。当客户考虑供应商时，通常是在一个相对于竞争对手的表现框架内进行的。

我们有一个生产重型设备的客户，其价值挑战在于，他们的产品相对于主要竞争对手几乎没有区别。多达80%的设备零部件是与竞争对手通用的。鉴于这种共性，该行业饱受残酷的价格谈判和折扣之苦。我们的工作是为客户建立定价防御体系。首先，我们采访了客户的客户，以确定是否存在我们可以利用的差异点。最初的计划是在9个分部中的每个分部访谈30位客户。在前6次访谈中，我们获得了足够的信息，向我们的客户展示其产品明显比竞争对手更具价值。当客户的最重要客户谈到他们对客户的商业模式的赞赏时，他们有一个共同的反应：他们的经销商网络的价值。该网络的规模几乎是第二大供应商的两倍。客户一次又一次地看到，经销商网络的规模是如何减少停机时间，如何降低运营成本，以及如何保持该领域资产创收的。

例如，如果客户需要一个关键零件，而当地经销商没有库存时，则可以很快从经销商网络中的另一个经销商处获得该零件。通过几次采访，我们了解到，相对于从竞争对手处购买类似产品，从我们的客户处购买产品的增量价值为15%～20%。我们的客户利用这些信息来关注并强化营销，从而捍卫价格。

客户如何从产品的使用中获得财务价值？

当与客户交谈时，目标是将讨论引向量化的财务收益。要深入挖掘财务价值，否则任何关于客户价值的讨论都只是噪声（见图4.2）。

我们曾与一家提供无线基础设施解决方案的公司合作。在他们最初的内部讨论中，IT和服务人员只关注产品的技术。他们的讨论集中在他们向客户提供的技术、流程、设计和集成服务上。这些元素很重要，但它们不是客户想要谈论的内容。

内部观点	客户观点	结合后的观点
先进的硬件 基于IP的技术 系统设计服务 系统集成服务	覆盖范围 可靠性 可升级性	客户利润 新用户 减少损耗 增加销售机会 降低维护成本 延长使用寿命

图 4.2 关联功能、利益与价值

客户更关心服务的覆盖范围、正常运行时间和平台的可靠性。通过指导，供应商团队学会了如何演示每个功能是如何与客户想要的利益相一致的，以及实现了哪些财务结果。

财务关联来源于内外部访谈中，被称为"深挖"的过程。这是一种探索的手段，以揭示客户第一个答案下面的细节内容，因为第一个答案通常是浅层的内容。这种"深挖"通常会发现关键的价值洞察，因为它远远超出了大多数客户研究得出的粗浅或最重要的答案。

我们曾服务于一家软件公司，访谈了一位系统集成商的首席执行官。当我们问这位高管为什么可靠的信息如此重要时，这位高管回答说："如果公司有可靠的信息，公司的技术支持费用将节省一半。底线是，我们能够确定，如果他们的软件工具中有可靠的消息传递，那么公司将节省3亿美元的技术支持和软件开发费用。"了解原因是为销售正确的产品提供可量化ROI的最佳机会。

信息收集工作需要好奇心，提出简单的开放式问题的意愿，以及倾听。最后一点可能是最困难的，因为没有评判或先入为主的倾听并不容易。这对于那些希望更好地了解客户的公司来说，这个过程并不困难。制约因素是，很多经理发现自己陷入了日常事务活动中，而无法在考虑客户的情况下完成这些任务。

客户访谈

准备深思熟虑过的问题对于访谈是至关重要的。这需要考虑三个典型的步骤：准备、执行和整理结果。

实际访谈的专业术语是探索性深度调研。它是探索性的，因为它使用你的洞察来提出关于客户如何评价你的产品和服务价值的假设。

通过多次访谈，这些假设得到证实或修正。它需要一种深入的访谈方法，用探索技巧深入到表面答案的背后，了解真正的原因。理想情况下，它会揭示客户在寻找解决方案时遇到的真正的痛点以及给他们所看重的东西。目标是找出如何降低产品或服务功能的成本，或是提高价格和销售额的方法。这些才是企业真正的价值驱动因素。

在对客户的客户进行深度调研时，我们发现：

1. 客户价值的真正驱动因素与销售公司的预期有所不同。

2. 当前的解决方案比供应商估计得更有价值。

3. 客户很高兴终于有人这么严肃地询问他们的业务。

4. 有机会提供比现有供应商提供的更多的价值。

要将信息转化为真正的洞察，你需要总结每次访谈的要点、重要客户报价和财务影响。重要的是跟踪对客户价值驱动因素、可能的价值定位、竞争价值定位、定价，以及产品或服务可能的加强等方面的洞察。这个信息库在为卖家真正实现价值方面非常强大，应该保持实时更新，以帮助创建成功案例，以支持你的价值。

我们曾帮助一家商业报表供应商在银行业实施了这一过程。当时，这家供应商为其客户提供了150项临时服务。其中许多服务是应要求免费提供的。根据对客户的访谈，供应商发现，大多数银行都认为这些服务中的某个特定捆绑包特别有价值。更让供应商感到惊讶的是，这套服务跨越了许多银行部门，而这些部门在他们的模型中被忽略了。事实上，他们发现他们可以极大地简化提供的服务产品，并开始为该服务收费。然而供应商没有意识到这些服务的价值，从而把钱留在了谈判桌上。

由于有了这些洞察，供应商将捆绑的服务产品包合理化为10个细分服务包，每个服务包都有相应的定价。这些产品还包括一个极其简单的基础服务包（见图4.3）。当这些服务推出后，供应商扭转了每年利润下降5%的局面，并在一个衰退的行业中，开启了每年利润增长5%的局面。这种成功在很大程度上可以归功于这样一个事实，即关联客户的商业模式与他们的高价值需求，这对于销售人员来说是很容易实现的。销售团队只需要向每位潜在客户询问三个关于他们的业务和发展规划的问题。有了这些问题的答案，卖家就能够迅速为客户选择最佳服务产品，并用具体的价值陈述进行定位。

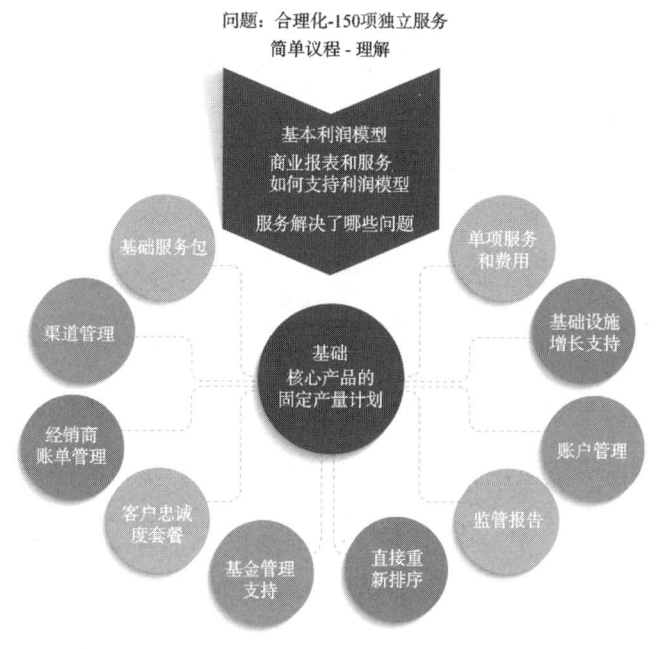

图 4.3 利用客户价值简化产品

简单且易行

多年来，我们访谈过很多销售人员，他们承认他们只是不相信黑盒价值计算。我们仔细倾听，得出的结论就是，对销售人员而言，最好的价值分析必须简单且易行。我们的原则是让它足够简单，可以让人快速读懂。

几年前，我们曾被要求为一家大型医疗器械公司进行价值研究。他们有一种一次性设备，将取代世界各地正在流行的非一次性设备。我们的客户提供的优势与现有的设备不同，现有的设备需要在重复使用前进行大量清洁，而他们的设备是一次性的，不需要清洁。现有的设备还有一个问题，就是如果清洁不当，可能会造成跨患者感染。

这家医疗器械公司聘请了几家大型咨询公司，进行了广泛的价值评估工作，得出了详细、复杂的电子表格，以确定一次性器械的定价。这一切都精细到0.1美分。当我们看到电子表格时，我们对计算的复杂程度印象深刻。与此同时，我们也发现了一些计算错误，销售团队不想使用它。

这家医疗器械公司曾将大型教学医院作为主要目标，但在获得采用方面遇到了困难。为了帮助他们加快获得采用速度，我们确定了潜在的问题。重点是错误的目标客户，归根结底是客户所感知的价值优势。大型教学医院往往有优秀的项目来培训人们如何清洁设备，患者交叉感染的可能性极低，因此医院团队并不担心。采用率很低是因为该公司专注于错误的市场群体。

我们认为，规模较小的医院如果没有高效的培训计划，可能是更合理的采用者。我们进一步建议，为免疫功能不全的患者提供服务的医院，购买的可能性更高。因为在这类医院，交叉污染将被视为一个关键问题。这些医院期望看到一次性设备的价值，从而消除交叉污染的可能性。该产品的价值在于降低风险。

了解价值的诀窍是，尝试将这种了解转化为一系列计算，帮助销售人员和客户了解产品和服务特性是如何为客户及其产品创造价值的。我们改变想法后宣布了这一消息：大致正确总比完全错误好。

总之，把你的产品和服务的功能是如何为客户创造利益的，以及该利益在特定财务方面的价值联系起来，确保一定要将这些关联点联系起来。我们看到许多公司止步于收益，却期望客户最终与财务价值挂钩。

关注价值的组织所需的能力

当商务团队把可量化价值的产品，与帮助客户走向市场的努力关联起来时，定价清晰性就成为焦点。每一个成功的企业都必须提供区别于竞争对手的产品或服务。最成功的企业都以客户为中心，而且其功能特征和改进都是基于客户的期望和需求的。企业表达差异化的另一个关键方式是定价。因此，以客户为中心的定价就成为客户对产品或服务感知价值的战略回应。提供独特的或高度定制化的功能或服务，并与客户表达的愿望相一致的企业，更容易捍卫其价格。

图4.4显示了支持所有定价活动所需的能力矩阵。正如你所看到的，没有任何一个功能处于持续有效的基于价值定价所需的水平。

与定价相关的能力	市场	销售	财务	信息技术	产品管理
1. 了解客户和价值	◐	◐	○	○	◐
2. 了解竞争对手	◐	◐	○	○	○
3. 根据公司战略调整定价	◔	◔	◔	◔	◔
4. 创建并传达可能与价值相符的产品	◐	◐	○	○	◐
5. 设定标价	◐	◐	○	○	◐
6. 管理价格	◐	◐	○	○	◐
7. 刷新价格	◐	◐	○	○	◐
8. 跟踪适当的指标	◐	◔	◐	○	◐
9. 通过分析来创建洞察	◐	◐	○	●	◐
10. 产品化：构建、增强和维护流程，并提供可产生量化行动的洞察	◐	◐	○	●	○

图 4.4　与定价相关的能力矩阵

跨不同部门分析这些所需能力的一个风险是，职能部门内活动的优先级可能不健康且相互有冲突。这意味着定价团队将花费大部分时间与职能领导协商，以收集正确的信息，而不是执行最终目标。这浪费了你在动荡的市场环境中本不该浪费的时间。

我们看到的另一个结构设计的缺陷是，本来规模就不大的定价团队分散在不同地区的不同职能部门。这些团队成员往往专门针对当地和所在部门的需求。这种孤立式分布是本地化的不幸后果。没有人负责监督公司的整体利益，每个人都只关心本地区的盈利能力，销售们只关注所在地区的特定产品线。

为了制定有效的定价策略，以实现自信定价，对公司来说开发如图4.4所示的所有10项能力是非常重要的。因此，我们通常建议定价团队集中管理。这里唯一需要注意的是，对于一个有不同产品线或由单个公司服务的不同市场的企业集团来说，分散定价责任通常是合理的。

因为定价是组织的战略杠杆，所以大多数人都发现定价团队的汇报结构应该属于高管层，而且定价团队需要具有影响力和所有权。此外，定价团队需要在整个组织中被视为具有影响力的群体。向高管层汇报为定价团队提供了成功实现最终目标的严肃性。话虽如此，任何定价组织在开展工作时必须横向跨部门协作。也就是说，它需要像团队运动一样进行团队协作，而且还要具有多种功能，以实现这些最终目标。一家全球大型电子制造商的定价主管告诉我们，定价者需要会"多种行业语言"，也就是说，他们能够讲财务、IT、市场、运营，以及销售领域的行话。

定价的行为——社会维度

本书侧重于定价的战略和战术层面。然而，如果我们不解决定价的行为层面，那将是失职的，说白了，因为定价是一个集体决策。企业环境中的定价包括定价委员会、定价部门和特设定价团队的集体决策动态。此外，高管的议程必须与各个职能部门（财务、市场、会计、工程、销售、生产等）的利益相一致，每个部门都有制定价格的附加责任，必须包含在定价组合中，强调围绕定价的集体动态的重要性。正如卡罗尔管理学院波士顿学院市场营销系主任、商学教授杰拉尔德·史密斯（Gerald Smith）所指出的那样："价格制定中有这么多声音，因此有一个当务之急——了解'这里的定价是如何在和睦的氛围中完成的'。"

定价部门、小组或团队应处于价格管理活动的中心，利用好公司职能部门的数据多样性和决策多样性。正如史密斯在2021年出版的颇具影响力的著作 *Getting Price Right: The Behavioral Economics of Profitable Pricing* 中所指出的那样，解决定价的社会因素，需要管理者提出一些关于群体动态的基本问题：

- 谁参与定价？
- 谁有影响力？
- 存在哪些偏见？

所有这些问题和偏见决定了团队如何定价。偏见通常是由"职能属性"驱动的，管理者来自这些职能部门，每个职能部门都有不同的职业文化、不同的语言、不同的关键绩效指标以及不同的定价方式。史密斯说："管理者确定财务、会计、市场、销售、生产、工程和定价，有助于确定定价的价值、优先级和特权。"

尽管如此，这些不同的组织部门提供了对定价至关重要的宝贵数据和技能。根据史密斯的说法，对大多数公司来说，实现盈利定价的关键是关注两个应该支撑定价决策过程的认知支柱：数据多样性和跨组织价格相关领域的决策多样性。他说："我们从四种基本定价取向（见图4.5）及其在组织内的拥护者的影响角度进行了深入研究。"

数据多样性	决策多样性
成本	财务、会计、生产
客户价值	市场、销售、工程
客户支付意愿	销售、市场
竞争对手	销售、市场

图 4.5　四种基本定价取向

史密斯说："这样做不仅利用了这些不同职能部门的价格相关技能——软技能和硬技能，而且通过不断意识到每个部门的优劣势来消除定价过程中的偏见。如果你愿意，这是一个制衡系统，可以利用决策的多样性。"

表现出良好定价原则的公司，利用其定价部门或小组实现均衡定价导向。例如，Adobe公司在2012年使用订阅定价重新制定了定价策略，这是定价策略的重大转变。除了行政努力，真正让我们印象深刻的是财务、会计、工程、市场和销售职能部门的协作努力，促使定价策略发生了有效、和谐的转变。史密斯教授描述说，一个公司董事会会议室被改造成了一个新的定价"作战室"，墙上贴着最新的定价分析，根据各职能价格相关原则的反馈不断更新。从最初推出到新定价策略的过渡总共花了五年时间，不断完善、调整和听取客户意见，以制定一种新型的定价策略。

第五章
法则五:战略决定方向

制定正确的定价策略

正确的定价策略是在所有条件下都能有效地使用价格,以保持收入和盈利能力。同时,正确的定价策略可以确保考虑到你的价值、竞争对手、市场增长和客户接纳度以及反对意见。最后,它可以确保你通过雇用有责任心且知识渊博的销售团队来执行任务。

即使是在最好的时期,制定一个组织的定价策略都是很困难的,但实际通货膨胀的扭曲,甚至通货膨胀的预期,都使其变得复杂。第五章充分说明了使定价策略建立在坚实的基础上,以维护组织上下的战术层面和运营层面的定价决策的重要性。它需要组织中每个人的共同努力,以调动所有的定价杠杆,确保以尽可能高效和有效的方式部署资源。

定价策略与通货膨胀

正确的定价策略可以适应高通胀环境。诺贝尔经济学奖得主——约瑟夫·斯蒂格利茨(Joseph Stiglitz)将价格上涨视为"健康的供需平衡"。我们认为,需求的增长是企业向往的,但如果不能有效地调整价格以利用这些增长,则可能会损失大量资金——将钱都留在谈判桌上。

定价不能"解决"我们现在面临的经济问题。定价策略所能做的是减轻因不断上升的通货膨胀给企业带来的利润和收入的损失。好消息是，在通货膨胀时期，消费者和业务伙伴都希望看到价格上涨。通货膨胀观察家指出，需求仍然强劲，尤其是对生产成品和专业服务的需求，这种需求仍然会抵制价格上涨。虽然你可能无法为摆脱经济衰退的方式来定价，但你可以为摆脱通货膨胀时期的方式来定价，尤其是当消费者期望你提高价格，同时也愿意购买更多商品来管理自己的需求激增时。

聪明的定价领导者也承认，通货膨胀和供应链中断将进一步要求他们在定价策略演变中积极主动地采取措施。

这种积极主动要求公司对失控的价格折扣保持警惕。我们正在谈论的是不分青红皂白地使用价格折扣来实现短期销售目标。打折只会让客户推迟下单，以期获得更大的折扣。但还有一个比把钱留在谈判桌上更大的问题，那就是，与其说你是因为客户能够从你的产品和服务中获得价值而销售产品和服务，不如说你最终只是为了完成你的销售量而销售产品和服务。用短期的机会主义换取长期的客户发展是不可持续的。你可能会因为季末的疯狂打折而兴奋不已，但你把这么多钱留在谈判桌上，最终可能会被要求离开赛场。

这是一个几乎所有企业都在玩的游戏。每年，领导者都会为企业的销售目标做出预测。这些预测在管理链条上逐级报告，然后商务团队就去拿订单，每个人都在等待结果以便在管理链条上报告。如果事实证明该公司已经达到了预期，那么人们会非常满意。这表明管理层了解市场并控制着业务。当公司的业绩超过预期时，它就会被视为特别有才华的管理者的证据。但没有人会问，为什么这么有才华的管理者会将目标设定得这么低。这是一个反向思考的过程，破坏了对价值和后续利润的认知。更具战略性的定价有助于公司做出更好的决策，以保护和增加利润。

通货膨胀与供应链

通货膨胀和供应链中断是联系在一起的。供应链是一个依赖于业务稳定才能高效运转的脆弱过程。新冠疫情的冲击导致全球经济陷入前所未有的不稳定期。边境的关闭和供应中断导致全球供应链的下行。当供应链中断时，各地的企业都会感到痛苦。在极端情况下，企业被迫关闭工厂并大幅裁员。

全球供应链中断并不是什么新鲜事，但新冠疫情再加上通货膨胀带来了前所未有的中断。以微处理器芯片短缺为例，现在，数以百万计的产品依赖于芯片上的微型计算机。这些微芯片为我们认为不一定是"智能产品"的众多产品提供动力。比如，如今一辆典型的汽车要使用1000多个微芯片。据《经济学人》报道，电子元器件产品占汽车的成本，在2000年仅仅是18%，到20年后超过45%，预计到2030年将达到45%。

回顾过去，全球芯片短缺是如何造成的已经很清楚了。首先，到2020年3月时，需求已经远远超过供应，当时新冠疫情的突袭迫使许多制造厂关闭，而关闭的港口使集装箱船停运数月，运输成本增加了几个数量级。公司眼睁睁地看着他们的货物搁浅在苏伊士运河，或滞留在洛杉矶和加利福尼亚长滩港口的集装箱船上。

工厂恢复生产很困难，在不断萎缩的劳动力市场中替换那些被解雇的工人更具挑战性。企业正在提高工资，以吸引工人重新开厂。工资均等的诉求增加了提高现有工人工资的压力。结果是不可避免的：工人短缺和物价上涨持续循环。当然，虽然通货膨胀导致劳动力成本飙升，但我们所经历的劳动力市场并没有出现典型的雇用热潮。所以我们有充分的理由相信，即使通货膨胀得到控制，劳动力成本也不会稳定。

这次新冠疫情彻底粉碎了雇主和雇员之间的关系。远程工作改变了人们谋生的方式，人们更重视"生活"而不是"收入"。其他投身自由职业或零工经济的工人，不会很快放弃为自己工作带来的灵活性和控制力。那些雇主会发现，强迫员工再回到办公室全职工作是错误的，如果强行这样做，那些最有效率的员工宁愿辞职也不会就范。

面对所有这些动荡，有几件事需要考虑：

1. 了解你所在的市场。 确保你对市场的真实情况有最新的洞察。我们将在法则七中进一步讨论这一点，但目前的重点是，开拓发现有关整体市场环境、竞争对手，以及通货膨胀冲击可能如何改变所有利益相关者的行为的商业洞察。我们最近目睹了这样一种情况：一个强大且占主导地位的竞争对手进入了我们客户所在的一个市场,该市场受到保护,免受竞争压力。客户惊慌失措地告诉我们,他们别无选择,只能对这种入侵行为做出反应。我们建议他们有点耐心并深入分析。仔细研究后发现,竞争对手有两方面的缺陷。首先,他提供的产品被认为是低价值的替代品。其次,竞争对手的分销方式有问题。该分析进一步保护了供应链和分销链,极大地提高了客户的竞争地位。我们将在"法则十:部署三种实践以增加利润"中详细讨论这一点。

2. 了解你的客户。 你和客户可能有同样的担忧。如果你担心通货膨胀,你可能会惊讶地发现,你的大多数客户也担心供应链问题。这使你了解如何定位价格上涨,使其不仅公平,而且反映稳定供应链所需的成本。客户看到可靠供应商的好处,这让你有机会回应他们真正的担忧,并通过解决这些担忧来加强你们的关系。

3. 价格设置变化更快。 深入研究当前的打折行为,并控制它们。通常这意味着系统化定价。通货膨胀迫使大多数公司制定新的指导方针,即使他们已经加快了价格变化的频率。通货膨胀和供应链挑战的不断变化,颠覆了几十年来的稳定经济环境。过去每年甚至每季度才重新定价的公司,现在发现必须每月甚至每周重新定价。

4. 解除与无利润客户的合作关系。 我们在第二章讨论了无利润的客户和"20-225"法则。在通货膨胀时期,利润可能比正常情况下更快地流失,企业无法负担无利润的客户。找出无利润的客户,让他们离开。只要稍加分析就能发现这些客户是谁。这些客户通常会在条款和条件上对你施压，并且要求不公平的超额交付。即使你将这些客户的30天付款期限延长至120天，他们还会经常打电话要求你提供更多服务。所以，第一步是告诉他们，除非他们改变行为，否则你不能继续按照目前的条件为他们提供服务。在这里，你必须明确你期望的行为。我们与一些客户一起见证了这种动态情况的发生。例如，我们的一位客户与一家大型供应链分销商有过一段长期而令人沮丧的经历。经过我们的一些培训，负责的销售代表要求与分销商的总裁会面，并宣布将不得不终止合作关系，原因很简单，因为目前的合作是没有利润的，无法支持继续合作关系。客户的销售人员阐述了公司的担忧，以及合作伙伴关系如何才能持续。分销商的总裁起初拒绝了这一威胁，但当我们的客户决定解除合作关系后，分销商明白了从我们的客户那里获得的价值，从而改变了自己的行为，并继续与我们的客户合作，成了能带来利润的客户。请注意，有时与客户解除合作关系会招来威胁，但必须强制执行。但根据我们的经验，通常情况下，一个可接受的威胁就足够了。

5. 提高价格。你需要提高价格，而且动作要快，但不要经常这样做。将提高价格作为计划和定期检查成本变化的一部分，并将其传递给客户。同时，别忘了附加费，附加费是另一个需要考虑的定价变量。客户通常会接受外部条件允许的附加费。在新冠疫情早期，许多公司对个人防护设备征收附加费。比如，客户熟悉的优步（Uber）和来福车（Lyft）的价格暴涨，以及高速公路通行费的高峰期附加费。

请让你正在做的事情保持透明状态,你可以结合当时的情况,考虑将其定位为公平的。但是,如果你的忠实客户的满意度面临风险,那么启动附加费时要非常小心,这时你最好只是提高价格。

6. 考虑长远。可以让"供应的可靠性"成为销售、谈判和签约过程的一大亮点。这是一种"给予—获取"的平衡,刚开始客户可能会很讨厌,但是,当他们看到自己有一个可靠的供应商时,他们就会开始感激你。

7. 考虑价格指标的变化。切换到有助于降低客户和你的市场风险的价格指标。这方面的一个例子是从订阅定价(静态)转换为基于使用的定价(动态)。这赋予了客户在市场动荡时"控制"成本的能力。

在经济增长期或下降期,衰退期或通货膨胀期,无论是好是坏,战略的本质都是必须适应客户、竞争对手和市场的变化。优秀的管理者要不断评估他们的商业环境,不仅要评估公司的策略方法,还要评估这种方法在不断变化的环境中需要如何改变,这些改变是什么,以及改变的节奏如何。

定价策略这个概念本身会让最有能力的经理也感到紧张。我们的一位客户简明地提出了反对意见。"考虑到当今商业环境的动态,如何在不限制我们对市场变化做出反应的能力的情况下,制定具体的定价策略?市场快速发展,客户需求变化,我们的竞争对手肯定不会坐视不理。"相信我们,在这种情况下,策略尤为关键。正如我们所说的,诀窍是让策略变得简单可行。

选择正确的定价策略

选择正确的定价策略要考虑5个主要驱动因素：

1．你的产品相对于竞争对手的价值。 正如我们在前面指出的，根据与竞争对手提供的价值的比较，来设置价格水平，从而确定定价策略。

2．了解产品在生命周期中的位置。 这是至关重要的，因为市场价格弹性是随着产品生命周期的每个阶段而变化的。因此，一个阶段的最佳定价策略对另一个阶段来说往往是灾难性的。

3．行业经济状况。 了解所在行业的整体健康状况（包括利用率是提高还是降低，利润率如何。），以及你的成本结构都是至关重要的。与可变成本高的行业相比，固定成本高的企业需要以不同的方式看待定价策略。成本结构也将影响竞争对手如何进行定价。

4．竞争动态。 除非你考虑到竞争对手对你的定价策略做出反应的可能性，否则你就错过了一个关键因素。分析他们适应或破坏你的策略的可能性，有助于你在确定价格策略时是采用保守的还是激进的方法。

5．相对于竞争对手的价值和产品在生命周期中的位置，是考虑定价策略选择的第一步。 根据你服务的市场，你最终选择的定价策略最好与其他关键影响因素相协调，如相对于竞争对手的成本状况、竞争对手如何进行竞争，以及行业经济因素，如远期产能等。

让我们看看这些因素是如何与三种基本的定价策略相结合，使定价策略成为可能的。

三种基本的定价策略

撇脂定价策略。撇脂定价策略的一个基本前提是，客户认为产品与竞争对手有明显区别。相对于主流竞争对手，价格定得很高。

中立定价策略。使用中立定价策略的公司通常会这样做，因为他们希望客户业务的竞争基础不是价格。为了降低价格竞争的影响，将价格设置为接近竞争对手的价格。当产品进入和正处在生命周期的成熟期时，这一点尤为重要。

渗透定价策略。使用渗透定价策略的公司希望价格成为购买决策的主要驱动因素。当渗透定价可以用来建立主导市场地位时，它就起作用。

选择一种通货膨胀驱动的定价策略

选择定价策略本身就是一个高风险的决定，而要选择一种定价策略来应对通货膨胀的挑战，就更加令人担忧。那么，商务团队应该如何来应对呢？缺乏经验的价格领导者倾向于从三个毫无远见的策略中

第五章 法则五：战略决定方向

选择一个。他们可能通过提高价格让客户失望；或者削减利润让投资者失望；再或者为了降低成本而偷工减料，让每一位股东失望。面对这三种同样没有吸引力的选择方案，大多数商务团队和大多数管理者最终都会选择提高价格。

现如今的时代不同于20世纪80年代，可是那时的通货膨胀率却与今天的一样高。当罗纳德·里根（Ronald Reagan）担任总统时，企业和他们服务的客户享有一定程度的信息获取权和价格透明度，这可能会让他们之前的企业家们感到难以置信。如今的企业拥有实时的可视化市场信息和灵活利用这些变化的能力。反过来，客户拥有更好的数据和工具来对抗信息的不对称。现代的数据分析确保企业及其客户通常在更透明的环境中进行谈判。

伦敦商学院市场营销教授兼副院长——奥德·科尼斯伯格（Oded Koenigsberg）表示："今天的通货膨胀是另一回事，现在的管理者享有的市场高度可视化的信息和灵活性，是他们的前任甚至上一代人都难以想象的。管理者拥有更精准的数据和更复杂的工具来分析这些数据，并将其转化为支持决策的有用信息。"

奥德·科尼斯伯格表示，对于商业团队来说，现在是一个理想的时机，他们将通胀视为战略机遇而非战术挑战，并能从一系列更好的选项中进行选择。他在其文章 *Pricing Strategy:Three Strategic Options to Deal with Inflation* 中提出了三种可选模型：

- **重新校准并清理产品组合**。一种选择是，让公司捆绑或拆分现有产品，要么创造新的价值主张，要么让客户在他们想要购买的细分产品和服务上，享受更低的价格。

- **重新定位品牌**。支持这一选择的基本思想是，在任何给定的时间，大多数产品和服务相对于其提供的价值而言，要么定价过高，要么定价过低。重新定位品牌往往会暴露价格偏差。此外，持续的通货膨胀为商业团队提供了一个机会，来纠正其在产品定位中的这些偏差。
- **更换定价模型**。这听起来并不那么激进。订阅模式和SaaS模式的成功，要求许多组织改变新的价格指标，并采用新的定价模型。这种更换定价模型而不是提高价格的机会，会带来很多好处，尤其是在持续通货膨胀的情况下。

明智地选择提高定价绩效将成为推动收入和利润有机增长的引擎。如果你做了错误的决定，你就可能会发动一场价格战，从而压榨整个行业的利润空间。奥德·科尼斯伯格表示："企业与其担心要向客户多收多少费用，倒不如将其资源用于弄清楚他们应该如何以及为什么向客户收费。"

贯穿产品生命周期的定价

大多数产品的生命周期都有限。随着它们在市场中经历成长和接纳阶段，定价策略也必须改变。产品的整个生命周期包括四个不同的阶段：在导入期，由于客户在考虑新产品的好处，因此这一阶段的销售量增长缓慢。在成长期，越来越多的客户开始接纳该产品，同时，新的竞争对手的加入有助于加快客户接纳的速度。在这一阶段，销售量可以以惊人的速度增长。随着产品被大多数潜在客户采用，它们进入成熟期。在这一阶段，整体市场增长速度放缓并开始趋于平稳。最后，在衰退期，随着客户转向其他更先进的产品和技术，销售量开始下降。

我们从市场弹性的概念开始。弹性市场对价格的变化非常敏感，非弹性市场则不然。这一概念有助于定价者明白，当价格上涨时可能带来更多收入。

在产品生命周期的每个阶段，市场对价格（弹性）的总体反应并不相同。要理解的最重要的一点是，市场只有在成长期这一个阶段才具有弹性，而且非常灵敏。如图5.1所示，成长期是独特的，因为成长速度很快。在这一阶段，产品随着创新技术开始获得更广泛的接受，客户对产品的接纳速度加快，看到机会的新竞争者也纷纷加入。具有讽刺意味的是，更激烈的竞争实际上会扩大市场规模，因为更多的保守客户认为创新技术是一种安全的选择，并且其应用也会变得更加广泛。

越来越多的客户采用，以及新客户带来的知名度的提高，往往会加速产品销量的增长。让我们分析一下这是什么原因造成的。

第一个原因是，B2B市场的需求来自一些下游市场。这意味着对产品的需求致使他们不会对价格变化做出反应。相反，他们将对下游市场的需求（客户的需求）如何变化做出反应。例如，通用电气公司向波音公司出售发动机，波音公司每年生产和销售24架777宽体飞机。尽管考虑到了任何可能的价格变化或定价策略的变动，但波音公司还是只打算购买48台GE-90发动机。对发动机的需求源于对波音飞机的需求。由此可知，这是非弹性的需求。

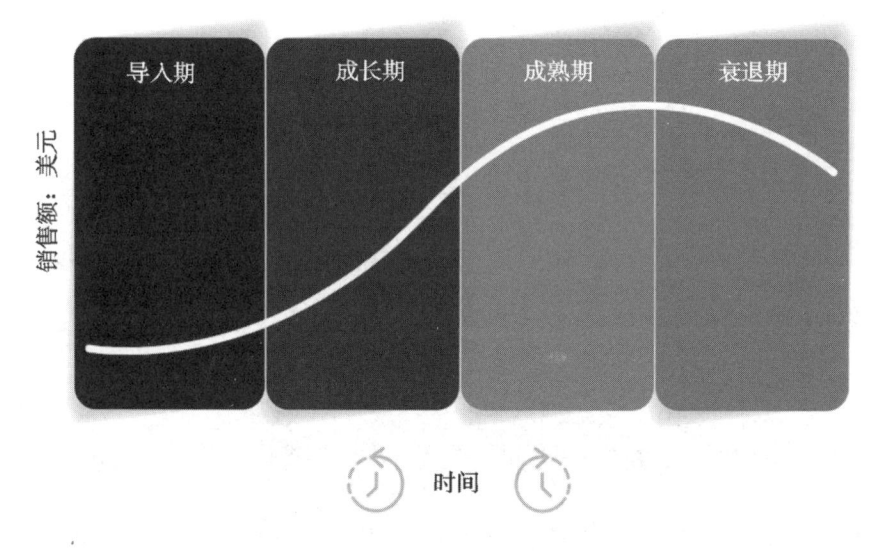

图 5.1　产品生命周期的各个阶段

第二个原因归结为客户行为。一些客户会经常更换供应商。他们不会改变采购体量，这是弹性研究试图捕捉的信息。这些客户经常因价格而更换供应商，我们称之为需求的交叉弹性。如果我们衡量需求的交叉弹性，可以确定市场对价格变化的反应，但数量不太可能发生变化，因为需求是衍生的。这意味着弹性不会带来更多的成交量机会。最后，你需要将竞争行为纳入组合中考虑，这是组合中最重要的元素。即使市场是弹性的（见图5.2），当竞争对手匹配你的降价时，他们也会抵消任何市场效应。如果你的市场是没有弹性的,就像大多数市场一样,你就会在一场你赢不了的游戏中耗尽利润。有时,我们看到客户在通胀市场中挣扎,为了保持交易量而降低价格。在这种情况下,他们所做的一切都是在破坏盈利能力,并可能缩短这一阶段的生命周期。

让我们总结一下这将如何影响你在定价策略上的决定。

	弹性市场	非弹性市场
涨价	收入降低	收入增加
降价	收入增加	收入降低

图 5.2　不同市场条件下价格变化对收入的影响

请记住,产品生命周期中市场具有弹性的唯一阶段是成长期。如图5.2所示,在产品生命周期的其他阶段,降价将导致收入的长期下降。你可能会从降价中获得短暂的销量高点,因为客户将业务转向了你,但这种好处也只是短暂的,因为竞争对手只会与你的价格相匹配。

导入期市场

降价的压力可能很大。在推出创新产品或服务时,市场人员将重点放在识别并销售给创新者和早期采用者。这些客户比其他客户更积极地寻找新产品和创新产品。重要的是，这些客户是受欢迎的，是值得珍惜的，因为他们会成为其他客户的参考，他们提供了关键的反馈输入，在后续的产品生命周期中转化为市场成功。

考虑到这两个显著的好处，公司往往会倾向于以低价来吸引早期的购买者。其实，这种诱惑是不必要的，因为早期客户具备了从逻辑（利用最新技术领先于竞争对手）到情感的购买动机（只想成为第一个使用创新产品的人）。作为一个在行业前沿运营的创新者，推动公司品牌发展的愿望，也是决定其成为早期采用者的原因。不管具体动机如何，早期采用者更感兴趣的是将创新付诸实践，而非价格。

埃弗雷特·罗杰斯（Everett Rogers）在其开创性的著作《创新的扩散》中估计，创新者和早期采用者会占某项技术使用者的16%。考虑到客户数量有限，且相对缺乏对价格的敏感性，在产品生命周期的导入期，最好的方法是采用撇脂定价策略。这种定价策略具有重大的好处。最初的高价格为未来几代客户和产品的迭代提供了参考标准。此外，在导入期采用撇脂定价策略实际上可以提高采用率，因为早期客户会将价格作为价值的代表。实际上，过早打折会损害客户对价值的认知。

在产品生命周期的导入期有两大挑战。第一是选择正确的客户。这些客户更有可能接受与创新相关的风险，以获得竞争优势。如果销售人员瞄准了错误的客户，那么这些客户很可能会期望获得更低的价格，因为这些创新的产品还未得到验证。因此，在这个阶段，价格没有问题，有问题的是选错了目标客户。第二是证明创新的价值。成功采用其创新产品的公司会做大量工作，以向潜在客户展示其价值。在不考虑价值的情况下，客户将关注价格，以此来决定创新产品的价值是否值得这个价格并与相关成本匹配。英特尔和苹果是专家级的创新者，他们一贯采用撇脂定价策略推出最新的技术产品。

成长期市场

在产品生命周期的成长期，客户数量急剧增加。此外，这些客户中的许多人缺乏经验，需要额外的服务和支持。现有客户通常开始将产品的使用范围扩展到外围部分。有了这些可预见的影响力，为这些没有经验的客户提供捆绑式服务和支持是有意义的。创新驱动型公司也会不断完善产品和服务，来满足早期客户日益复杂的需求。他们不断改进产品，以满足高价值和低价值细分市场的不同需求。

既然在成长期创新技术和捆绑服务仍然是独一无二的，那么撇脂定价策略可行吗？并非总是如此。这是个复杂的问题。当增长开始加速时，撇脂定价策略可能会阻碍市场增长，或者给竞争对手开放一个低价市场窗口。长期坚持撇脂定价策略，使这些竞争对手有机会以较低的价格和具有竞争力的技术进入市场。记住，处于成长期的市场是有弹性的，这意味着更低的价格将促进需求增长和收入增长。关键问题是如何管理这一点。简单地降低高价值产品的价格，以应对新的竞争，可能有助于提高市场份额，但这将很快侵蚀高端市场的利润空间。解决方案是什么呢？作为第一个突破低谷的公司，可以选择低价的精简产品，来取代竞争对手的高价值产品。

英特尔曾经部署了针对AMD的伟大战略，利用其技术领先优势，对主要新产品采用撇脂定价策略，然后在来自早期采用者的销量出现平稳迹象后才大幅降价。这样做不仅刺激并增加了需求，而且制约了AMD在采用类似技术时获得足够利润的能力。一旦客户选择了英特尔微处理器，他们通常会根据英特尔提供的参考设计购买额外的芯片。AMD在其64位处理器超越英特尔的技术之前，未能打破这一循环。通过这些产品，AMD才大幅增加了利润，其市场份额上升到历史水平，但在英特尔推出类似的处理器后，其市场份额有所下降。

成熟期市场

随着市场走向成熟期，整体需求趋于平稳，这时，试图利用低价策略来刺激整个行业的增长就不复存在了。事实上，如果你在一个成熟的市场参与竞争，渗透定价策略就是毒药。这是因为渗透定价降低了收入，同时导致利润大幅下降。与此同时，渗透定价增加了价格战的可能性，因为竞争对手会迅速匹配你的降价，以挽回失去的市场份额。

此时最好的应对办法是：在高端市场用撇脂定价策略获取高利润，

在主流市场和低端细分市场采用中立定价策略。考虑到需要在多个层面上进行定价游戏，只有在成熟期市场，产品和定价经理才能真正赚到钱。使多种定价策略发挥作用的关键是提供一系列产品，使你能够在市场的各个层面取得成功。

除了为卡车和公共汽车提供一系列高性能、重型发动机，卡特彼勒公司（Caterpillar）还为对价格敏感的客户提供了翻新的发动机。该公司积极推广这种低成本产品，并解释了客户可能会考虑的原因。客户被告知，卡特彼勒公司的翻新零件具有"与新零件相同"的保修服务，以确保客户可以无忧拥有。对价格敏感的客户可以从翻新产品中获益，翻新产品的成本比新产品低20%～60%。卡特彼勒公司受益于这些为抵制新产品价格的客户，并为其提供价格较低的翻新产品。这些客户仍然是卡特彼勒公司的客户，因为他们没有退出竞争，将来还可能会为新产品支付更高的价格。

这条规则有一个例外。如果你是一个令人羡慕的成本领导者，那么所有的赌注都是徒劳的。成本领导者有着巨大而独特的回旋余地，从而围绕定价策略做出不同的决定。通常，成本领导者进入市场的方式不是与其他领导者竞争，而是首先服务于对价格最敏感的客户。对他们来说，渗透定价策略是首选。这种策略在产品生命周期的成长期和成熟期的早期阶段通常是可持续的。随着市场日益成熟，即使是成本领导者也需要考虑引入增强型产品和高端产品，以便从开始出现的细分市场中获取利润。

由于未能理解这一转变,戴尔公司在2006年失去了市场领导地位。为了应对重新焕发活力的惠普公司带来的潜在威胁,戴尔公司大幅降价以赢得市场份额。结果如何?利润比上年下降51%。迈克尔·戴尔(Michael Dell)和凯文·罗林斯(Kevin Rollins)在《纽约时报》2006年的一次采访中谈论了他们的问题,并指出:"我们在一些市场上降价太过激进,无法赢得市场份额,做得一点都不好。"最终戴尔的个人电脑销量增长6%,但营业利润下降了48%。

衰退期市场

在衰退期市场中,对某一特定技术有强烈偏好的客户需求持续减少。这种偏好通常足够强烈,足以使衰退的市场对价格不敏感。

为了理解这是如何起作用的,让我们看看市场上的一项技术,很多人认为这项技术已经过时,但令人惊讶的是,它卖得很好,那就是真空管。当今这些集成电路的先驱曾经很常见,为每台收音机、电视机和计算机供电。如今,真空管仍然受到音频发烧友和音乐家的欢迎,因为他们认为真空管能提供温暖的音质。这些忠实的客户愿意为这种功能买单。真空管的典型价格是10~20美元。相比之下,一个功能完全相同的集成电路,具有更高的控制性和可靠性,其成本仅为几美分。

通过关注这些综合概念,市场增长、相对价值、衍生需求和价格弹性,你可以制定正确的定价策略,以产生可观的收入和利润。如图5.3

所示，它说明了在市场生命周期的不同阶段都需要哪些定价策略。

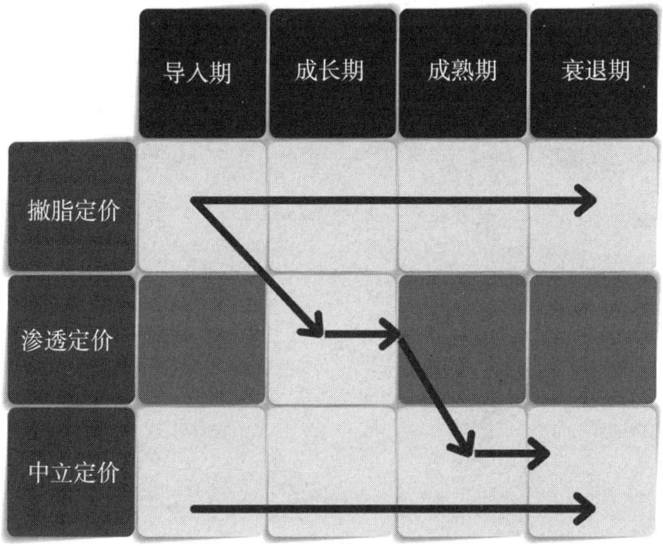

图 5.3　在整个市场生命周期内通过改变定价策略来躲避"危险区"

资本密集型企业的定价策略

在工厂和设备方面有投资的公司在选择定价策略时，应考虑整体行业产能和产能利用率。在产能过剩的时候，只有在降价有助于利用工厂产能的情况下，才有必要下调价格。随着时间的推移，产能份额和市场份额趋于均衡。在产能过剩时期，通过使用渗透定价策略来增加份额的尝试，就很容易被竞争对手匹配和否定。

相反，随着产能开始变得不足，开始提高整体价格水平是有意义的。否则，该公司很容易用低价业务填补产能。如果聪明的竞争对手开始甩掉对价格敏感的客户，并试图把这些客户强推给你，那么你的潜在损失将更大，最终结果将是公司的利润大幅下降。

在业务的最终衰退期，当行业达到或接近产能时，安全的决定是采取撇脂定价策略。但有一个忠告，就是要始终公平地对待忠诚客户。虽然，理论上你可以在市场生命周期的顶端从他们身上获取更多的利润，但他们会因为自己的忠诚被出卖而感到愤怒。长期的客户关系是有价值的，如果客户将你的公司视为合作伙伴，那么当你的公司处于市场生命周期的底部时，他们会抵制占你的便宜。虽然这意味着你在经济繁荣时期要放弃一些利润，但也意味着你在经济低迷时期会获得更加稳定的利润，因此忠诚客户的业务对公司来说意义重大。我们将在"法则十：部署三种实践以增加利润"中讨论这一点。

竞争格局和定价策略的选择

定价策略必须根据竞争对手目前正在做的或能够做的事情来衡量。定价经理需要考虑两个主要问题：首先，相对于竞争对手，公司的成本状况如何？其次，考虑到导入期定价策略的不同选择，竞争对手可能会如何应对？

在考虑潜在的竞争对手的反应时，有一些明显的策略需要规避。针对低成本领导者的渗透定价是不可能的。同样的道理，在面对不惜一切代价赢单，不因价格丢单的竞争心态时，严重依赖撇脂定价也是不起作用的。我们将在"法则七：了解你的市场"中更多地讨论如何玩竞争游戏。如果你不确定竞争对手会如何应对，这里有一个有用的提示，可以避免破坏性的价格竞争。当面对动荡的竞争对手时，中立定价策略总是最安全的。为了支持你的定价策略，让竞争对手担心你准备采取渗透定价策略来捍卫你的市场地位总是值得的。这种威胁降低了他们对你采取渗透定价策略的可能性。

准备好改变你的策略

选择定价策略并不难，挑战在于了解市场何时发生变化，并能够迅速采取行动调整定价策略。那么，有哪些迹象和条件表明，你需要改变定价策略？以下几点需要注意：

单位销售量增长放缓。这与客户对价格反应的变化一起，是市场生命周期从一个阶段过渡到下一个阶段的主要指标。当进入市场成长期时，如果你的增长速度没有竞争对手的快，可能是降价的时候到了。当从成长期走向成熟期时，增长开始越来越多地以牺牲竞争为代价。当这种情况发生时，应该实施多种策略，尤其是中立定价策略。

价格折扣无法推动销量增长。看看价格折扣与总销售额增长的关系图。当一条线（折扣）开始上升，另一条线（销售增长）则开始下降时，这是一个信号，表明此时应该考虑改变定价策略。

竞争对手推出新产品。此时应该检查一下你的价值定位。你从一个市场领导者变成一个落后者了吗？如果是，你需要远离撇脂定价策略。

低成本竞争者进入市场。你是否会为他们提供保护伞？他们会来追求你的高价值客户吗？如果是这样，你需要采取行动，通过实施渗透定价策略的产品来保护你的阵地。

竞争对手开始达不成业绩指标。没有什么比绝望的竞争对手更危险的了，此时你应该将注意力从价格上转移到别处。

在通货膨胀期间该怎么办？

请记住，产品生命周期是需求变化和客户采用率随时间变化的函数。在市场层面上，需求确实遵循我们概述的阶段，但在通货膨胀时期，这些阶段会发生什么？如果你能够在知道需求存在的情况下转移成本，那么在任何阶段都不需要改变。我们从客户那里得到的最常见的问题是："如果竞争对手不涨价怎么办？"

我们先看看竞争对手可能不涨价的原因。第一个原因，他们可能更不愿意冒风险把客户赶走。第二个原因，他们可能只是对成本压力反应迟缓。这两者都是相当常见的原因。无论哪种情况，你都要专注于你能控制的事情。建议你根据公司成本的增加来提高价格，并希望竞争对手了解情况，然后也提高价格。第三个原因很棘手。在这种情况下，竞争对手决定采取渗透定价策略来提高市场份额。在成长期市场，这样做是有意义的。但如果在成熟期市场，你也做出如此回应，则可能会导致一场毁灭性的价格战。在这种情况下，竞争对手将在短期内成功获取市场份额。假设竞争对手的成本结构与你的相似，你可以假设他们会损失利润。但是，如果竞争对手有成本优势，那么他们很可能会通过这种低价策略获得份额，并保持盈利能力，最终他们很可能在长期内领先。因此，此时期的关键是了解你的竞争对手，并尽可能从你的系统中减少不必要的成本，以便你能够灵活地选择正确的定价策略。

如果竞争对手决定在通货膨胀期或其他情况下占有市场份额，你会怎么做？最好的方法是开发一个模型，以预测竞争对手可能如何应对不同的场景。模型的一部分应该是模拟不同场景下对你的收入和利润的影响。如果你降低价格，而竞争对手也降低了价格，你很快就会发现，让竞争对手抢走价格敏感型客户，可能会对你更有利。因为无论如何，你很可能在这些客户身上一直亏钱。我们为一家医疗器械制造商建了类似的模型，该制造商在市场生命周期的成熟期赶上了两个主要的创新型竞争对手。模型表明，任何渗透定价策略都会导致利润降低，而具有高价值产品的中立定价策略将限制价格竞争并保护利润。后来，该制造商发布的产品很快获得了30%的市场份额，并获得了不错的利润。

让销售人员成为定价策略的拥护者

在定价培训课的前10分钟内，一位国家银行的高级销售人员站起来，问道："我们根据业绩收入拿佣金。你教的内容怎么能让我们赚更多的钱呢？"这是一个很棒的问题。我们诚实地回答："不能。"业绩收入计划是与以利润为目标的定价策略相冲突的。培训结束后，我们建议这家大型国家银行调整佣金计划，使其更好地与利润相一致。尽管参加培训的领导者（考核其利润指标）非常希望提高利润率，但他们没有按照我们的建议采取行动。六个月后，这家大型国家银行没有达成目标。如果销售人员按照实现的销售额拿佣金，那么他们会降低价格，甚至以低于折扣下限的价格来达成交易。

如何通过薪酬计划、工具和信息来支持销售人员，使其成为公司定价策略的拥护者？如何让销售人员买账呢？这些是每家公司都必须解决的关键问题。

很多公司没有看到创造销售冠军以推动收入和利润增长的障碍。有四个常见的原因导致销售人员主张为客户提供更多折扣，而不是为公司带来利润：

1. 销售激励与公司的财务目标不一致。

2. 与竞争对手相比，对价值的了解有限。

3. 缺乏对定价方式和原因的了解。

4. 对客户参与的谈判游戏缺乏洞察。

一味地指责商务团队是错误的。销售人员是内外部力量综合作用的受害者。内部力量表现为烦琐的内部流程和短视的激励机制，它们破坏了价格原则。比以往任何时候都敏锐和精明的客户构成了外部力量。企业可以试着授权商务团队成为价格拥护者，并发挥公司的潜力。其目标是以盈利的价格来完成销售，而不是把钱留在谈判桌上。公司的领导团队如何改变行为，使销售人员成为价格拥护者呢？

培养销售拥护者的四个步骤

我们考虑用四个步骤来武装销售人员以实现价值和更好的价格：

1. 设置合理的个人绩效目标。但凡销售人员对价格有一定程度的控制权，只要他们在销售收入上得到佣金补偿，甚至是部分佣金补偿，或者被迫过早地完成一项重要的销售任务时，他们都会受到激励去牺牲公司的利润来完成他们的使命。

激励不匹配的问题不仅仅局限于销售人员。产品经理和工厂经理也通过保持工厂装配线的运转，或实现收入，或完成市场份额目标来获得报酬。而且经理在季度末使用的战术是在给定价团队和销售团队施加压力，迫使他们在最后一刻通过降低价格达成交易。

高管往往是常见的违规者，尤其是那些只为实现季度收入目标而被激励的高管。客户则乐于利用这种季度末的绝望情绪来获得更好的价格。

2. 建立销售对公司的信心，为客户创造财务价值。询问销售人员对他们销售的产品和服务的感觉如何。我们经常从销售人员那里听到的是：我们的产品和服务都是商品。这可能是因为客户的唯一议程是为降价做好准备，他们会抓住每一次机会向销售人员强调或灌输这一信息。他们希望卖家知道他们有很多"足够好"的选择。

虽然公司能够理解并正确地驳回这些说法，毕竟这些说法是客户谈判的计谋，但太多其他公司不会帮助销售人员捍卫他们对客户的价值。相反，他们允许客户设定价格，然后对后果做出反应。

对很多卖家来说，信心来自他们知道自己销售的产品和服务比竞争对手更好，价值更高。

3. 使价格易于理解和支持。对大多数销售人员来说，定价策略就像一个黑匣子，难以掌握。他们不清楚为什么是这个价格，以及与竞争对手的价格相比如何。在公司内部，各自为政的销售、市场和定价团队可能会对公司的产品或服务的价值产生分歧，而在价格上的争吵内讧则成为每一笔交易中最耗时的一步。卖家开始在内部谈判，为他们最好的客户争取更低的价格。

努力实施简单易懂的定价策略，记录决定当前价格和水平的因素。重要的是，如果价格更高，就要突出与竞争对手的产品的差异。价格和定价策略必须被简明扼要地总结出来。

销售人员越了解为什么要这样设定具体的价格，他们就越能在与客户交谈时解释和捍卫价格。一家成功的公司将他们的定价团队与销售人员放在一起。定价团队的工作是提出定价策略的基础，并与销售人员积极合作，以确定如何以最佳方式成功赢得交易。这种模式运行得很好，现在两个团队在流程和结果上都是很好的合作者。

4. 帮助销售人员确定谈判策略并准备正确的回应。价格谈判通常是一种相互猜测妥协的过程，来来回回好几轮，最终的成交价与初始目标相去甚远。因为销售人员认为他们的真正工作是服务好他们最好的客户，所以提供好的折扣往往是服务客户的一部分。在这一过程中，他们没有进行深入的价值和预算影响对话。

当销售人员到达采购办公室时，他们被客户多年来开发的复杂谈判策略蒙蔽了双眼。销售人员可能会认为客户会对其提供的价格非常不满，以致他们很快就放弃了底线，甚至还认为是他们挽救了客户关系。在这些情况下，销售人员可能完全忽略了客户在谈判过程中的一些暗示，最终导致折扣过多。

一家全球信息服务公司来找我们，由于广泛的折扣，他们经历了利润率大幅下降的趋势。该公司给其销售团队引入了有助于解码客户行为的价值对话培训。通过识别客户的策略，并对他们坚守阵地的能力有了新的信心，销售人员能够拒绝价格优惠的请求，并达成双赢的交易。在一个突出的案例中，一位客户向销售人员展示了一份据称是竞争对手少出100万美元的价格来竞标的报价单。这位新受启发的销售人员没有上钩，而是通过展示他们的提案中的价值和差异来捍卫公司的价格，最终赢得了这笔交易。

衰退期的定价策略

当经济衰退期来临时，需求就会下降。在经济衰退期中，企业预期的市场增长不再成立。即便如此，公司最初还是通过降价来应对销量下降，以销售更多的产品和服务，努力实现总收入目标。然而这种策略很少有效，因为其他竞争者也在做同样的事情。他们都在用更低的价格来追逐下降的业务，这导致收入和利润大幅下降。聪明的公司意识到，这种恶性循环其实就是一场恶性竞争。我们的建议很简单：永远不要试图追逐因经济衰退而根本不存在的需求。最好的策略是调整目标，重新设定财务预测，消除不必要的成本，与最能带来利润的客户一起度过经济衰退期。

实际上，这不是经济衰退中的一个定价问题。如果你等到经济衰退成为现实时才调整定价策略，那你就是在被动应对。定价策略必须在衰退之前和衰退即将到来的时候确定。一个跟踪经济衰退或其他市场趋势可能性的系统，有助于企业在正确的时间执行正确的计划。作为一个定价者，要制定一个计划，明确在经济衰退来临时该怎么办。有一些领先的指标，如终端用户市场的增长，有助于你让每个人都准备好执行一个修订后的计划。

第六章
法则六：创新促进增长

为了实现增长而创新

创新是成功组织的生命线。创新才能满足客户不断变化的需求，并使组织领先于竞争对手。它为谈判中的"给予—获取"策略提供了一个平台，以推动双赢谈判。当产品被视为商品时，新的服务可以起到区别产品和支撑价格的作用。

定价对企业至关重要，但不是最重要的事情。企业需要发展，就像鲨鱼一样，必须不断向前才能生存。企业需要通过创新的产品和服务，不断扩大的市场，以及获得新的收入和利润的机会，不断向前发展。没有这样的势头，企业就无法蓬勃发展。有原则的定价策略是实现这一目标的重要手段。但领导者绝不能分心于主要目标——实施创新以提高收入和利润。战略层面的定价将有助于抓住企业所创造的价值，但如果没有可抓住的价值，即使是最出色的定价策略也无法帮助你。

如果销售漏斗中没有出现新的产品和服务，企业就只能依靠一个杠杆——价格来推动增长。这些企业要求提高价格，希望他们的客户能够接受涨价。当然，人们担心的是，面对价格的直接上涨，客户会一走了之。一些企业试图以分层收费和收服务费的形式实施后台涨价来解决这个问题。这种情况已经发生在银行业和金融服务业，目前也在航运业发生。

在通货膨胀的市场条件下，创新应该继续吗？

创新可能是世界上最强大的通货紧缩力量。例如，人工智能正在显著地减少培训时间和成本。通货膨胀应该为研发提供更多而不是更少的激励。这是因为只有新兴技术才能让企业满足市场对商品和服务的需求。创新带来的高效可扩展性超越了当前和未来的需求，这可能是阻止价格上涨的唯一力量。此外，自动化方面的创新减少了对劳动力的需求，这是任何组织成本结构中最大的一部分，并使保留下来的工人更高效。

创新是一个持续的过程。它可以是循序渐进的，就像智能手机摄像头上的一个很酷的新功能；也可以是完全颠覆性的，如自动驾驶汽车。聪明的公司会两头运作，当员工有创新思维时，他们就是探索创新思路和客户投入的全方位合作伙伴。其中一种策略是利用现有产品进入通胀问题较少的新市场。

通货膨胀和市场波动给了一些产品制造商和服务商更多的定价权，特别是那些被视为不可或缺的产品制造商和服务商。例如，总部位于荷兰的半导体设备制造商ASML，它垄断了极端紫外线光刻技术，这是制造先进微芯片所必需的技术。因为芯片为iPhone和汽车，甚至喷气式战斗机和搅拌机等设备提供了动力。

ASML向全球三大半导体公司销售产品。从技术上讲，这是一个三人组合游戏，在这样一种经济状况下，某个特定产品或服务只有三个大买家。这种有限的竞争意味着三个买家决定了市场需求，因此在价格上享有巨大的议价能力。通常，对销售公司而言，这可不是最理想的情况。

但是，由于这些半导体制造商面临着来自客户的巨大压力，要求增加供应，像英特尔、博通和高通等市场领导者，就迫切需要更高的产能。在这种情况下，ASML在定价方面处于主导地位。因此，ASML不仅对当前生产的产品要求溢价，而且对未来交付的产品要求溢价。

以创新促增长，以价格促利润

要打破这种循环，就要以创新促增长，以价格促利润。为了提高定价的杠杆作用，产品中的某些元素必须与众不同。否则，它们就只是商品，以最低的价格就能成交。许多公司面临的挑战是，他们的核心产品是商品或接近商品。即使是这样也没关系，因为毕竟有些客户有最基本的需求。而对于其他市场来说，与竞争对手差异化则是至关重要的。除了高价值产品，服务还可以带来更大的差异化。

全球钢铁行业是观察这种情况如何发展的绝佳领域。钢铁，一种大约在公元前1000年发展起来的技术，是人们所能找到的最纯粹的商品。全球大型竞争对手正在全球范围内收购规模较小的基础钢铁厂，目的是主导基于价格的竞争。然而，溢价洼地机会比比皆是。阿根廷的泰纳瑞斯公司在全球范围内为海上钻井作业提供高价值无缝钢管，随着石油工业向更远的海上移动，这一应用的需求也在飙升。

这一市场的增长吸引了全球巨头，它们可以为客户提供低价产品。相比之下，泰纳瑞斯公司将高附加值服务与优质钢管捆绑在一起，这一策略有效地将这些全球巨头拒之门外。泰纳瑞斯公司捆绑了先进的技术支持、工程和及时交付，帮助客户改进勘探和生产操作流程。他们理解客户的运营方式，从经济、技术和环境的角度理解客户，这使他们完全区别于以价格为导向的钢铁集团公司。

最终结果是泰纳瑞斯公司和其他少数几家参与者能够控制和保护每吨钢管2000美元的价格，超过全球大宗商品参与者争夺价格的三倍。他们对客户运营和优先级的理解，使他们能够获得更高的利润率，并将巨头拒之门外。

创新的源泉

在哪里发现创新点并不稀奇。客户知道自己接下来需要什么。一个良好的基于价值的客户关系，可以为客户所看重的功能、产品和服务创新提供丰富的想法。诀窍是确保他们愿意为创新付费，把这作为探索过程的一部分。然后，你就会知道创新对他们的价值，以及创新对你的企业的可行性。有4种类型的创新需要考虑：

1. 针对现有市场，有关产品功能或服务改进方面的增量创新。

2. 针对现有市场，有关现代技术发展的颠覆性创新。

3. 架构创新，将现有技术带到新市场，以在全球范围内拓展业务。

4. 是为新市场开发创新技术的激进式创新。

我们热切地希望派遣一支技术专家团队到实验室，寄希望于他们喊出"找到新发现了"，从而为你创造提升业绩的撒手锏的日子已经一去不复返了。

宝丽来（Polaroid）公司是使用特殊化学品进行即时摄影成像的技术领导者。他们非常成功，非常清楚数码摄影是未来的潮流。因此，他们将化学过程应用于即时电影。宝丽来的电影摄影机Polavision是在第一台盒式录像机（Video Cassette Recorder，VCR）问世的同时推出的。电影摄影机Polavision以更高的价格和更低的质量推出，很快就成了专注于内部创新的废金属堆。我们与柯达公司的首席工程师进行了一次谈话，他嘲笑他们的一个竞争对手的失败。几年后，当京瓷推出第一款拍照手机时，他傻眼了。

增量创新为企业的创新发展和客户体验提供了许多机会。与非客户进行交谈也可以获得很多想法。为非客户的创新提供了一个绝佳的机会，可以利用价值而不是价格来扩大竞争市场份额。

通货膨胀时期的创新

创新和通货膨胀往往是不同步的。也就是说，高通胀阻碍了创新的迫切性。不难看出其中的原因。无论一家公司用于创新的资源水平如何，通货膨胀会使任何承诺偏离创新活动，而转向回报主导的项目。其结果或多或少是创新和长期增长的减少。世界银行最近的一项研究显示，通货膨胀率上升一个百分点会使企业创新的概率降低4.3%。

持续的通货膨胀是一家公司业绩增长的警笛。成本上升，价格上涨，这一切在行业领袖的眼中都很好。但当通货膨胀消退时（这是不可避免的），企业仍然相信其唯一的增长动力是价格时，就会崩溃。当其他竞争对手也采用同样的方法，发现了同样的问题时，你会发现整个行业已陷入价格战，而这场价格战对任何人都没有好处。当然，也不是"没有人"从中获益，短期来看，采购代理商就喜欢并鼓励这一过程，因为他们获得的价格越来越低。

我们有一位客户厌倦了这种循环，并决定减少该行业的产能，只为那些愿意为"供应链的可靠性"买单的客户服务，而这通常被认为是一个高度商品化的市场。结果几乎是滑稽的。他们告诉客户即将发生的事情。他们实施了涨价，企业旗下的一家工厂转而生产为另一种商品。随后，他们的主要竞争对手同意增加需求，但很快就陷入了困境，最终导致这些客户没有货物供应。不用说，那些已经离开的客户夹着尾巴又跑了回来，以明显更高的价格购买他们的产品。这位客户发现，他们所有的价格型买家（法则九：培养销售骨干）几十年来一直在和他们玩扑克游戏。

谨慎的公司会跟踪来自4个方面的增长：

1. 价格上涨带来的增长——深入了解那些用于弥补成本的增长，

以及反映出更好地获取价值的增长。

2. 新产品和服务带来的增长。

3. 来自新市场的增长。

4. 收购带来的自然增长。

能够成功跟踪这4个维度的增长的公司,通常对销售人员、商务跟单团队和技术团队在每个领域的盈利增长都有更清晰的理解和目标结构。虽然,他们目前处于通货膨胀时期,但也有一种操作方法,那就是提高价格以反映增加的成本和供应链问题。与此同时,还有一个技巧就是,确保他们也在评估和开拓其他领域的目标。

利用价格推动增长的问题

在通货膨胀时期,价格通常是推动增长的主要工具。即使在长期的稳定时期,我们也会看到有公司完全依靠价格来推动公司的增长。这是很危险的,因为如果你想一想我们在"法则五:战略决定方向"中讨论的内容就会明白,在很多情况下,市场决定了竞争和客户依赖,利用价格作为增长工具可能导致销售额利润大幅下降。过度依赖价格来推动增长,会破坏企业与客户之间的关系。

例如,航空货运业就是一个由价格驱动的竞争激烈的行业。航空货运公司已经了解到,他们可以在公布的价格上具有竞争力,但前提是他们必须收取一系列的燃料费、检查费和其他服务费用。目前,航空货运公司拥有大量忠实客户，他们将航空货运公司视为物流合作伙伴。同时，高昂的更换成本使得许多客户无法放弃现有的航空货运合作伙伴。但是，随着计费变得更加透明，受这些费用的影响，许多客户会选择离开。

幸运的是，有一个切实可行的解决方案可以避免恶性循环。企业可以选择提供两种捆绑服务方式，既有低价格的基本产品，也有更高价格的全方位服务。这种解决方案防止了忠实客户的疏远，同时也为销售人员提供了一些选择，让他们能够为玩扑克游戏的买家提供更好的定位。正如我们将在法则九中看到的，在大多数市场中，价值导向或关系导向的客户比价格导向的客户多。如果看起来不是这样的话，那是因为采购专业人员已经学会了像价格买家一样行事，以获得更大的折扣。更多详情请参见"法则九：培养销售骨干"。

好产品的结构基础

要创建高影响力的产品组合，需要制定一些基本目标，基本目标包括：

- 将产品与目标客户群体的高价值需求相匹配。
- 提供低价值的边缘产品，吸引对价格敏感的客户，减少价格谈判对高价值产品的影响。
- 满足或超越核心客户在竞争优势方面的需求。

- 在高价值和低价值产品之间建立牢固的界限，以防止客户以低价购买高价值产品。

- 培训销售人员如何与客户进行清晰的讨论，并在谈判过程中做出价格—价值权衡的选择（法则八）。

- 利用"给予—获取"思维来武装销售人员，明确定义产品或服务杠杆，通过添加或删除特定功能来改变产品的价值和价格。

明确定义的产品级别的一个基本好处是，它使销售团队能够更好地控制价格谈判。同时拥有高价值和低价值的产品，会使销售在价格谈判中处于主导地位。如果他们被迫降价，他们可以向客户提供低价值的产品。对于一些人来说，低价值产品将更好地满足他们的需求和预算，因此他们会购买。另一方面，大多数玩扑克游戏的客户会愤怒地做出反应。他们这样做是因为销售人员直言不讳，暴露了他们的真实意图：以低价获得高价值产品。

管理这种玩扑克游戏的现实是，它比只提供一个高价值和一个低价值的产品要复杂得多。毕竟，你要服务于不同使用场景的细分客户。这些细分市场中的每个客户都可能有不同的需求。如果要建立一种机制，使得销售人员能够控制扑克游戏并更好地管理价格，则需要创造更多选项以平衡价格与价值。要做到这一点，可以考虑构建三个层次的产品：核心产品、预期产品和增值选项，我们依次来分析。

增值选项：服务和解决方案的关键作用

尽管从高价值产品到低价值产品的逻辑是令人信服的，但这还远远不够。大多数公司都面临核心产品的商品化问题。聪明的公司发现要想在竞争中保持领先地位是很难的，因此投入大量资金来创造增值选项：服务、运营咨询和外包整个业务流程的能力。

那些成功的公司创造了一批忠诚的客户、竞争壁垒和对价格的信心，是因为他们正在为客户创造卓越的价值。一些服务业创新者已经这样做了很长时间。像通用电气公司和空气产品（Air Products）公司这样的传统产品公司，多年前就开始开发他们的成功模式。

开发服务和解决方案来创造定价杠杆

我们从对服务进行分类开始。第一类是基础的支持服务，如维护和支持、交付后的培训或交付前的设计支持等服务。这类服务通常被认为是基本配置，而且往往被误解为客户不愿意为其付费。而客户要求赠送这些服务的理由也几乎是一样的："我们必须包括这些服务，以确保产品的性能。"但客户会为这些服务买单，因此，它们应该成为产品和价格清单中的明确组成部分。当卖家觉得这些服务必须包括在内时，问两个基本问题：第一，"我们的服务应该达到什么水平？"

第二，"如果绩效水平不同，对客户的财务影响是什么？"这些问题的答案有助于做两件事。强行定义服务的预期水平和增值水平之间的界限，并能够识别和寻求高价值或低价值的客户。第二类服务是高附加值的，而且通常是针对特定客户业务问题的解决方案的组成部分。

将基础服务和增值服务相结合，可以为客户创建强大的解决方案。考虑通用电气公司对其GE90飞机发动机的设计。GE90是一款现代设计产品，并且是用来与普·惠（Pratt & Whitney）公司和劳斯莱斯公司的老款产品竞争的产品。由于使用了新材料和先进的工艺，GE90成为一个技术奇迹。但在GE90开发之初，它也曾是一次商业的失败。

这是怎么回事呢？事实证明，原来通用电气公司在创造客户价值方面没有做足功课。尽管通用电气公司的发动机在技术上更为优越，但令人惊讶的是，通用电气公司输了一笔又一笔生意给普·惠公司和劳斯莱斯公司。正如通用电气公司最终发现的一样，原因很简单，客户不愿意冒风险去做改变。他们选择了一款他们知道的产品，而不是一款他们不知道的产品。因为经验给了他们可预测的总拥有成本。

作为回应，通用电气公司围绕GE90创建了一个完整的解决方案，既解决了客户的财务问题（他们的价值需求），又展示了发动机功能的竞争优势。名为"按小时供电"的新解决方案借鉴了租赁资本设备的旧做法，这样客户就可以为一台全面维护和运行的发动机买单。

符合逻辑的、有规律的产品结构

当我们与产品团队讨论低价值的边缘产品和增值服务的重要性时，他们表达了两个非常真实的担忧。首先，他们担心如果引入低价值产品选项，会蚕食对高价值产品的需求。其次，他们将无法控制客户对服务的诉求。如果上述任何一种情况发生，都可能对其损益造成严重破坏。解决这两个问题的关键是建立一系列围栏，以保护组织免受此类威胁。

有一个符合逻辑的、有规律的产品结构的主要原因之一，是防止客户以不合理的低价获得高价值产品。产品结构的基本要素必须能够使产品围栏的创建发挥作用。产品围栏如同字面理解：一种通过在价格和价值之间进行权衡来保护产品完整性的手段。一种有效的市场主导策略是开发一种既能满足高端客户需求，又能满足低端客户需求的双重产品。边缘产品既能增加收入，又能保护公司在全球范围内的市场份额。

创建良好的产品围栏，是产品团队为其组织创造价值的另一个容易被忽视的领域。关键是选择好标准，既能够承受扑克玩家的全面攻击，又能够得到高层领导的支持。强有力的产品围栏的常见例子包括产品特征、销售渠道、服务和支持水平、物流和品牌方面的明显差异。信息产品的提供者使用访问的及时性、信息的深度、执行分析的能力，对数据进行编目和格式化。令人欣慰的是，创建可操作围栏的规则很简单。

1. 围栏必须基于明确的、客观的标准。
2. 标准必须对客户和销售专业人员都有意义。

这种透明度使你能够通过最终测试，并向一位客户解释另一位客户如何以及为什么有资格获得更低的价格。对定价的信心使销售专业人员能够证明定价差异化的合理性，而且当被问及为什么另一个客户能得到更低的价格时，没有任何痛苦和烦恼。

构建定价杠杆

在构建定价杠杆时，产品和服务的差异化通常是最没有被充分利用的资产。如果允许随意开发产品和服务，那么关键产品就会失去定义，差异化也会被淡化，因此也就失去了独特的价值。当混乱盛行，定价诚信受损时，产品开发和创新的投资回报率就下降。

跨越这一障碍的组织采取了截然不同的行动。他们严格地将客户价值洞察与严谨定义的产品关联起来。他们使用产品、服务和解决方案的组合为销售团队创建产品杠杆，以控制谈判。他们发现了定价模型、价目表和产品结构之间的关键联系。产品架构定义了定价的可能性和局限性。

第七章
法则七：了解你的市场

了解市场是成功定价的关键

为了优化定价策略,企业需要对市场有一个清晰的、最新的了解:客户和竞争对手在四个P(产品、价格、渠道、促销)中的行为。此外,市场还会持续受到供应短缺、经济冲击、通货膨胀、劳动力波动、流行病和战争等变量的影响。了解如何应对每个变量是成功定价的关键。

对于那些了解客户、欣赏他们所提供的价值、将价值与客户的需求联系起来,并且在快速变化的商业环境下,能够迅速采取行动的企业来说,通货膨胀可能是一件好事。对于那些多年来在稳定的经济环境下经营而陷入自满的企业来说,通货膨胀可能是一种生存威胁。接下来,我们将重点讨论通货膨胀对定价的市场触发因素,以及企业如何做好准备。

随着时间的推移,通货膨胀会显著影响每个市场定价决策。导致通货膨胀的原因有很多,但两个主要的触发因素是需求拉动和成本推动。当商品和服务需求的增加导致生产商提高价格以实现利润最大化时,就会出现需求拉动型通货膨胀。

市场是企业评估其提供价值的策略和方法的战场。该策略的要素包括价格、条款和条件、采购和客户服务的决策。如果企业要捍卫价格并提高竞争地位、利润和收入,就需要了解每个客户的独特情况。

应对通货膨胀没有灵丹妙药

没有什么灵丹妙药可以通过定价来"解决"通货膨胀的问题。有原则的定价能做的是，在通货膨胀的市场中保持盈利能力。策略的实施需要原则来部署必要的产品杠杆，并在适当的时间将其激活，以实现适当的目的。如果管理得当，定价杠杆甚至会给企业带来在更稳定的经济条件下都无法实现的增长。原则的最关键要素是组织的灵活性，企业必须能够迅速采取行动，在成本上升导致盈利能力受损之前，有选择地提高价格。

对于正在应对通胀挑战的客户，我们特别建议在以下六个方面增强实力。

了解市场情况

是什么导致了你所在行业的市场波动？这是要回答的最关键的问题。虽然了解导致一般通货膨胀的各种原因是有用的，但更重要的是区分导致你所在行业产生波动的具体原因。

回顾一下，导致通货膨胀的两个主要原因：需求拉动和成本推动。当商品和服务需求的增加导致生产商提高价格以维持盈利能力时，就会出现需求拉动型通货膨胀。当生产商因成本上涨而提高价格时，就会出现成本推动型通货膨胀。

劳动力短缺是需求拉动型通货膨胀的另一个例子。在全国范围内，我们看到新冠疫情暴发后，雇主们如何在招聘方面举步维艰的例子。随着雇主们的复工复产并需要大量的工人，他们发现在疫情前可以接受的工资，突然不足以吸引工人重返工作岗位。由于工人供不应求，工资上涨，加剧了通货膨胀压力。由于劳动力单位成本占企业工资总成本的70%（取决于行业），工资不稳定会造成巨大的规划问题。

导致通货膨胀的其他常见原因包括：燃料和运输成本上升、劳动力短缺和经济扩张。在经济扩张的情况下，通货膨胀被认为是积极的。事实上，美联储的目标是每年2%的核心通货膨胀率，唯一比通货膨胀更糟糕的是通货紧缩。分析人员指出，货币供应量的扩张、国债的偿还和政府监管，是通货膨胀的增量原因。这些只是成本推动型通货膨胀的额外例子。

所以你首先要了解的是，什么导致了你所在行业的市场波动。接下来的行动是要确定这种波动是短期问题还是长期问题。例如，假设导致你服务客户的能力复杂化的原因，是价值链下游的劳动力短缺。如果是这样，那么这是短期问题还是长期问题？你的答案将决定你的回应。

我们的一位客户（一家运输公司的首席执行官）认为，通货膨胀是一个长期存在的问题。他估计，市场波动和供应链紧张将持续数年。他对运输市场的分析确认了一个结构性问题：在稳定的市场条件下，艰难前行的现有供应链根本没有为新冠疫情造成的不稳定做好准备。随着消费者将购买行为从线下零售店购买转向线上电子商城购买，供应链无法跟上日益增长的送货上门服务的劳动力市场。这位首席执行官总结道，这种根本性转变是劳动力短缺的诸多因素之一，不能归结为短期问题。

了解你的客户

这是一个从最重要的方面评估你的客户的好时机，也许关键因素是盈利能力。企业通常通过接收每一位客户来谋求发展。为了满足新的客户需求，这些企业经常改变产品服务，甚至改变销售区域。随着时间的推移和企业合并，公司往往继承了一个支离破碎的客户群，甚至不清楚哪些客户是值得你为之提供服务的，哪些客户是不值得你为之服务的。

客户评估本质上是衡量某个特定客户当前的盈利情况。该评估将收入与成本进行比较。收入是指特定客户产生的收入；成本是指在客户获取和服务的每个接触点上花费了多少钱，通常以直接成本和间接费用来衡量。

评估通常从细分新客户和长期客户开始。合约客户与现收现付客户是另一个重要的细分领域。无论哪种情况，核心挑战都是了解头部客户的盈利能力。我们在"法则四：了解你的价值"中谈到了这一必要性。

　　有一个基本问题：组织能否提供与服务成本一致的价值？了解这些要素，将有助于你确定哪些客户是为公司带来利润的，以保证进行额外投资。为盈利能力比较低的那20%的客户制订一个行动计划，以提高其盈利能力，并重新设定期望值，比如产品发货和服务的优先级，直到盈利能力的提高保证了服务的升级。如果在这些领域没有改善的话，企业有时会被迫与客户分道扬镳。

　　下一个问题是评估某一特定客户是否给组织带来风险。确定风险合同的优先级，并制订行动计划，通过添加补充说明来消除不确定性因素，该补充说明可以根据外部因素自动调整价格，比如商业企业熟悉的指数。CPI是一种常用的衡量标准指数，以劳工和统计局衡量的一系列商品和服务价格为基础。个人消费支出（Personal Consumption Expenditures，PCE）是一种不太常见的指数。CPI衡量所有城市家庭的支出变化情况，而PCE指数衡量所有家庭和为家庭服务的非营利机构消费的商品和服务变化情况。PCE指数被美联储用来决定利率。PPI与CPI类似，但衡量的是企业为消费者生产商品时所使用的商品和服务的价格。

　　一旦在组织内确定了通货膨胀的衡量标准，就应积极调整和完善业务，以保持盈利能力。这可能意味着要关闭一家工厂或停掉一个产品线，或对其他产品进行价格调整。并非所有的成本都以相同的速度变化，因此要明确选择哪些产品和服务进行涨价。随着这一系列情况的发生，为客户提供选择是很重要的。他们不喜欢被逼到墙角而陷入困境，所以了解他们的预算和可能面临的困难，并提供两三个选择是很重要的。

当与客户讨论这些变化时，要提供证据、理由并予以明确说明，因为关系到你公司的健康发展。同时提醒客户：你提供的价值以及继续提供价值的承诺。

对客户的深刻了解是你了解市场的一部分。一家公司告诉我们，他们的与众不同之处在于服务级别。他们很早就发现，在这个市场，服务水平比产品价值更重要。所以他们在服务上投入了更多的资金，进一步使自己在竞争中脱颖而出，现在他们的服务的价格比其他企业高。他们之所以能够在这里积极主动，是因为他们投入时间了解客户不断变化的需求。

符合长期客户需求并能增值

客户很聪明，所以不要以通货膨胀为借口全面提价。客户了解市场状况，他们预料到了价格上涨、供应链问题和劳动力短缺的情况。所以你要诚实、透明并自信。

- 通过捆绑销售来提高价格，来增加解决方案的价值。
- 更改价格指标，以更好地与累积价值保持一致。考虑与高风险/盈利客户签订潜在风险分担协议。

- 更改价格模型，以反映客户的终端用户可能预算不足或需求放缓的情况。例如，一位IT分销商的首席执行官专注于终端用户需求放缓时业务模式的转变，因为更高的价格会以更高的速度消耗预算。下一步，他将做好准备，以便终端用户能够转移到诸如硬件即服务之类的订阅业务上来。
- 采用好的管理方法，以管理价格和客户期望。

提前为增长做好准备

在通货膨胀时期，如果资金成本仍然合理，就有可能通过并购做出重大战略决策。我们的一些客户借此机会，通过收购一家关键供应商来实现更多的垂直整合。这可以降低风险并获得竞争优势。其他公司则选择收购规模较小的竞争对手，以扩大产品组合，进入波动可能较小的新市场。资本的另一个有益用途是，通过增加更多的国家，和基于未来需求集群进行近岸外包，实现供应链多样化。

在选择这些策略之前，请确保你花足够时间了解客户，以及他们随着时间的推移将需要什么，而不仅仅是他们现在需要什么。尤其是在动荡的市场中，客户的价值驱动因素往往会更频繁地发生变化。因此在选择长期并购方案之前，了解这一点非常重要。

了解你的竞争对手

在当前的商业环境下,竞争对手是不可避免的,这使做生意变得更加困难。但是,坦白说,竞争对市场是有利的。它能促使市场参与者保持对创新、效率和价值的关注。

与竞争对手相比,我们的弱点在于我们的态度。我们公平竞争;他们作弊。我们的价格是公平的;他们的价格是掠夺性的。我们得出的结论是,他们要么非常聪明,要么行为不理性。简而言之,我们丑化了竞争对手,给他们设定了邪恶的动机,这与我们的行为没有太大区别。这听起来很熟悉吗?

不知为什么,我们很少认为竞争对手对我们的看法与我们对他们的看法完全相同。我们对竞争的态度为我们的破坏性行为辩护,比如猖獗的价格折扣。态度导致我们过于频繁地触发价格竞争,这也使我们进入了本应该回避的谈判。我们的态度导致我们失去定价权。

我们需要改变这种无力感,用信心取代它。我们可以听一听3000年前老子在《道德经》中的建议:"知人者智,自知者明。"为了在市场和客户中取得更大的成功,我们需要更好地了解我们的竞争对手。我们必须了解他们在做什么,他们的下一步行动可能是什么,以及他们为什么会采取这种行动。

积极主动

与竞争对手打交道时，有一个窍门就是积极主动。当竞争对手感觉你处于被动模式时，他们会选择一个领域攻击你，在这个领域他们得到的最多，而你失去的最多。如果你不再追赶竞争对手，而是领先于他们呢？你能在另一个地区或客户那里与他们抗争吗？在那里，他们损失最大，而你收获最多？这样做时要灵活一点，你就不太可能受伤，而且发生灾难性价格战的可能性较小。要做到这一点，你需要有一个了解竞争对手并对其做出适当反应的系统。无论是匹配价格还是发布公告，你的目的都是将价格竞争的损失降至最低。

财捷集团（Intuit）开发了个人理财和税务软件，在《财富》杂志2021年发布的有影响力的"100家最佳工作场所"排行榜上名列第11位。该公司总部位于加利福尼亚州的山景城，尽管微软和其他许多公司多年来一直是他的竞争对手，但该公司仍在主导市场。20世纪90年代，微软甚至出价收购财捷集团，但最终失败了。微软的规模是财捷集团的20倍，有足够的现金去追逐财捷集团利润丰厚的市场。然而，财捷集团凭借对客户需求的了解，不断创新，从而保持领先地位。他在推出低成本入门级产品方面做得很出色，且出色的客户服务紧随其后。他与美国的20万名会计师保持着良好的关系，而这些会计师是关键的购买人群。

财捷集团积极预测微软及其他竞争对手的下一步行动。他试图确保自己的开发资源集中在最理想的领域。财捷集团意识到微软将继续瞄准小型企业的会计市场。他已经针对微软可能产生的影响制定了一系列方案。这种智慧使财捷集团能够不断开发和预先发布新产品，使微软处于不平衡状态。财捷集团以灵活性为优势，充分了解竞争对手的每一步行动，并取得了成功。

财捷集团不仅对微软做出了反应，而且超越了微软的创新。财捷集团知道，如果被迫与微软正面交锋，他就会失败。他的目标是让更大的竞争对手处于不平衡状态，并永远处于追赶他的状态。他能做到这一点并不是靠价格，而是靠产品和服务的不懈创新。财捷集团的灵活性限制了微软单独利用价格来挤进市场的能力。这例子说明，利用产品和服务创新，能够在价格驱动的竞争中领先于无法击败的竞争对手。

总之，当需要采取竞争行动时，就要迅速采取行动。为预期的意外事件制订周密的计划，重点不是击败竞争对手，而是让他们远离你。以仁科（PeopleSoft）和甲骨文（Oracle）为例，这两个竞争者试图在价格等各个方面击败对方，他们都给采用他们的高价值企业软件的客户提供了巨大的折扣，但这样做的后果是，他们都把巨额的利润留在了谈判桌上。结局就是一个竞争者收购了另一个，仁科最终输掉了这场战争而被甲骨文收购。接下来发生了什么？甲骨文迅速提高了价格。

新冠疫情引起的市场变化

《华尔街日报》曾多次报道新冠疫情期间企业在定价问题上的艰难处境。像许多定价咨询公司一样，我们接到了许多公司的电话，这些公司都在努力应对因通货膨胀导致的销售额下降。他们想知道能否通过提高价格来解决销售额下降的问题。我们告诉他们："不能。"脱离现实，盲目地全面提高价格只会让问题变得更糟。

以客户对定价非常敏感的一个行业——航空业为例。通货膨胀重创了航空公司，因为他们最重要的两个成本中心——燃料和劳动力的增长速度超过了一般通货膨胀率。许多航空公司得出结论，他们目前的收入管理模式已经行不通了。为什么？因为需求下降了。新冠疫情导致公共飞行中的一个重要群体——休闲旅客大幅减少了他们预订的航班数量。

更糟糕的是，新冠疫情导致最赚钱的飞行客户——商务旅客改变了他们的行为。远程工作和视频会议已经取代了许多需要商务旅行的现场活动。这些好处是如此令人信服，以致即使疫情消退，许多商业活动仍将以虚拟形式进行。消费者购买行为的这些变化代表着航空业的生存受到威胁，除非他们改变商业分析模式。航空公司通常会查看几个地理区域的历史数据，但这些历史市场细分数据对航空公司应对新冠疫情导致的特殊情况毫无帮助。

Revenue Analytics公司的首席执行官达克斯·克罗斯（Dax Cross）把依赖历史数据比作戴着"眼罩"飞行。解决方案需要更好地实时了解客户，了解他们的恐惧、愿望以及他们的行为。传统的客户细分不起作用，因为它将不同的客户无差别地分组。航空公司需要的是对更小、更相关的客户群体或对象进行分析。通过良好的分析和仪表盘汇总结果，可以评估细分市场，了解他们对定价变量的反应。数学家称这个过程为"随机分析"，但我们更喜欢"组群测试分析"这个术语。它在梳理不同客户群体行为的差异方面非常有效。

我们对许多企业印象深刻，他们对疫情的挑战做出了很好的反应，因为敏捷性价值千金。一家原材料供应商给我们留下了深刻的印象，他能够瞬间做出价格变化。该公司的整个商业模式依赖于风险管理，即能够根据实时市场波动实施快速的价格调整。

这位高管告诉我们，能够在价格波动期间管理定价的关键是使用产品服务组合法。该高管确定了产品服务组合的要素：渠道、定价策略、产品和服务定价以及价格类型（例如，统一定价、指数定价和多变量定价）。该高管建议，通过工具与面临类似风险的其他供应商合作来分散市场风险。这种协作有助于降低风险并增加终端用户的价值。

与渠道合作伙伴的这种合作不仅降低了风险，而且代表了真正的差异化。在整个过程中，这位高管提醒我们通过自动化组合降低成本的重要性。最后，企业必须投资于能够给他们带来更多利润的客户，并不惜一切代价同那些无法带来利润的客户解约。

客户对价格变化的反应

当我们考虑市场时，要从客户开始。的确，在成熟的B2B市场中，一些客户会根据价格来更换供应商，但他们不会因此而增加采购量。如果定价者计划通过降价来增加需求，那他们通常会感到失望。客户看起来愿意换一个要价更低的供应商，但实际上他们并没有购买更多的产品。这一现实让供应商感到沮丧，因为他们认为降低价格是一种竞争优势。殊不知，打折只会导致价格战，其中唯一的赢家是客户。

还记得"法则五：战略确定方向"中关于衍生需求的讨论吗？当竞争对手不断降低价格以满足客户的更换意愿时，他们的收入会减少，在很多情况下，还会侵蚀所有利润。问题是，许多管理者将这种行为与市场弹性混为一谈，可实际上，市场需求的增长实际上是由价格下跌而导致的。因此，在这种情况下，客户不仅没有给供应商任何额外的订单量，也没有对供应商提供的更低的价格给予任何回报。当使用折扣时，根据"给予—获取"原则，回报应该是获得有价值的东西（法则八：建立"给予—获取"机制）。其他任何折扣的使用都只会减少收入，通常还会消除利润。

是的，有时一家公司决定通过降价完成一个订单。但是，当这种情况发生时，总会带来两个不利的后果。首先，客户在这次谈判中尝到甜头，会在下次谈判中更加过分。其次，公司把利润留在了谈判桌上。因此，在使用价格折扣之前，请考虑客户是否会购买更多的产品或服务。如果不会，最好不要提供价格折扣，而应该依靠更好的有形价值来销售产品或服务。在这种情况下，公司应该为销售过程中的更多骨干提供支撑。

你在下国际象棋还是跳棋？

定价动态可以从博弈的角度来思考。例如，当竞争对手进入他们的市场时，我们的一位客户做出了反应。客户最初的倾向是下跳棋，也就是说，通过简单地匹配竞争对手的价格来做出反应。当客户处于被动模式，从战术上考虑只关注他们前面的动作时，我们称为下跳棋。

在这些情况下，我们通常建议客户保持耐心，以避免因采取行动而产生的过度反应。在说服客户放弃"做某事并快速完成"的需要后，我们有空间对竞争入侵的真实影响进行适当的分析。我们的分析表明，入侵并不像客户认为的那么严重。因为竞争对手的产品质量低劣。更重要的是，市场认为竞争对手的分销系统不足且存在问题。我们认识到，正确的反应是不要去匹配竞争对手的价格。对客户来说，更好的回应是加强价值传递，并保护供应链。

在认识到这点后，客户采取行动，通过延长合同来支撑供应链，其中包括价格和收入保证，从而产生长期排他性承诺。这使得竞争对手的处境岌岌可危。我们的客户没有试图通过价格竞争来削弱他们的地位，而是保护了自己的地位。结果如何？收入和利润都有了惊人的增长。

通过这种分析方法，我们的客户逐渐开始下国际象棋。他们开始了解竞争对手的潜在动作，并以整体的方式做出反应。他们将竞争入侵的损失降到最低，限制了竞争对手的选择，并在不久的将来巩固了自己的地位。

当你在自己的定价动态背景下，考虑"了解你的市场"的含义时，问问自己这个问题：你在下跳棋还是国际象棋？在这一过程中，要注意任何随机事件的冲击对定价策略的干扰，其中一些是可以预见的，而其他的黑天鹅事件是无法预测的。无论如何，快速且有效地做出反应的管理者会把损失降至最低。

构建全球定价策略棋盘

为了自信地定价，公司需要瞄准正确的客户和正确的细分市场。一旦制定了策略，就要有一个简单的工具给商务团队传达有效执行的方向。我们称为全球价格策略棋盘。棋盘有助于管理者按照公司领导同意的方式，制订击败竞争对手的计划。它减少了冲突和焦虑，使每个人都能朝着同一个方向工作，利用好他们的时间和折扣资源。

图7.1是折扣矩阵的示例。矩阵提供了对背景的了解，这对于有效的竞争信息管理至关重要。它包含有关定价和销售工作中说什么以及

做什么方面的信息。如图7.1所示,以最简单的形式,获取公司的主要细分市场(区域)和客户(在本例中是基于规模)以及他们的优先排序。

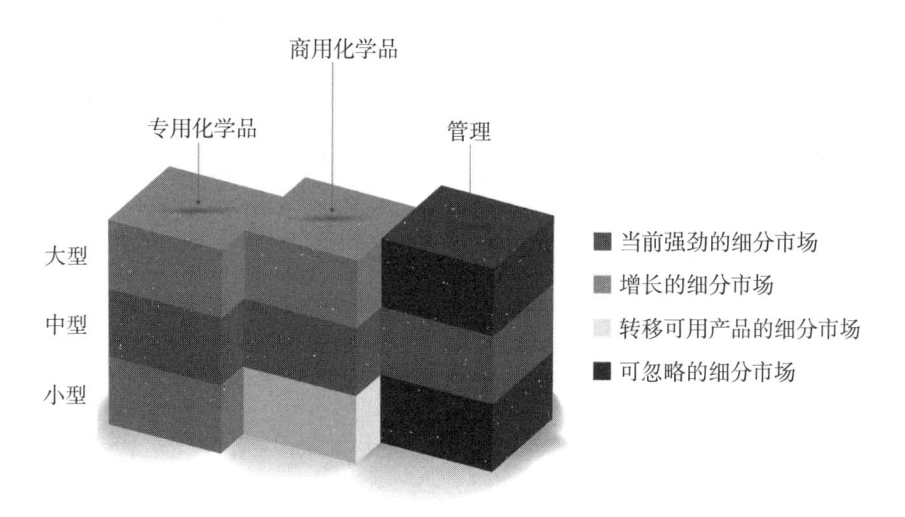

图 7.1 全球定价策略棋盘

图中标注:专用化学品、商用化学品、管理;大型、中型、小型;当前强劲的细分市场、增长的细分市场、转移可用产品的细分市场、可忽略的细分市场

在这种情况下,有四个简单的优先级排序,也就是四个细分市场,即当前强劲的细分市场、增长的细分市场、转移可用产品的细分市场和可忽略的细分市场。

- 在当前强劲的细分市场中,该公司拥有强大的市场地位,在不引发价格战的情况下,几乎无法扩大其市场地位。所采取的决策就是照顾好这一部分客户,并在必要时进行防御。
- 在增长的细分市场中,客户获得了大部分折扣。该公司可能正在成长期,也可能处于竞争对手更强大的领域。因此,其目的是提高该领域的渗透率。
- 转移可用产品的细分市场表明,公司可以以低价转移产品,而不会破坏行业竞争平衡。这应该主要是由价格敏感型买家组成，而且，只有当公司有大量过剩产能时才有吸引力。

- 可忽略的细分市场是说，如果客户能够接受公司的价格，他们就能得到相应的服务。但如果他们想要折扣，那就别想了！

看看这个矩阵对公司每个人都有什么作用。它以简单的方式确定了在哪里以及如何与客户打交道，这就决定了在哪里打折。矩阵显示了管理者应该在哪里花费时间，也许更重要的是，他们不应该在哪里花时间。公司领导层可以很快将其整合起来，满足领导的基本要求之一：为团队提供方向。如果管理者不这样做，他们将无法有效处理公司内部各自为政的冲突。这样做的公司往往会更精确地执行战略。

成功的公司很清楚他们的竞争对手是谁，以及他们的优势和劣势。管理者采纳这些洞察，而不是直接对竞争对手的行动做出反应，他们从战略上决定何时何地应对这些行动。他们知道如何针对"不能把互动转化为客户或行业价格战的方式"做出最佳反应。当这些洞察和行动转化为有效的竞争信息时，为他们提供了长期的竞争优势，从而避免了在错误的市场上与错误的竞争对手进行无效的价格战时把钱留在谈判桌上的情况。

第八章
法则八：建立"给予—获取"机制

"给予—获取"机制

成功实施有效定价策略的商务团队，使用了强大的原则或机制，并且可以定期执行下去。我们称为"给予—获取"机制，也称为"权衡"机制。无论用什么术语，它都意味着同意降价，同时相应降低客户价值。当客户还没有支付费用时，就会有一个围栏阻止他们使用这些功能和服务。产品经理可以用正确的围栏保护价值。客户付出得越少，得到的也就越少。"给予—获取"能够有效制止传统的打折文化。

利用产品组合结构在谈判桌上获胜

我们发现折扣是当今价格泄露的最大来源。在当下通货膨胀时期，感受到价格上涨压力的客户，可能会更加强烈地要求更大幅度的折扣。虽然打折是许多公司的文化习惯，但现在更糟了。为了止血，第一步行动是公司所有领导承诺支持价格。"给予—获取"机制提供了维持价格与价值一致的燃料。在通货膨胀猖獗的情况下，重要的是给客户选择，而不是直接涨价。提供选择将使客户对合作伙伴关系有更强烈的感觉，并感受到企业对他们的业务给予的关怀。

在我们的业务中，客户经常要求折扣，我们通常会同意。我们并不反对谈判。需要附加说明的是：我们将折扣与客户服务范围的缩小联系在一起。最好的谈判者知道，如果他们拉动价格杠杆，就必须同时拉动价值杠杆。也就是说，如果客户期望获得有价值的东西（降低费用），他们也必须给予有意义的东西，例如，减少工作范围、更长的交付时间、更低价值的产品、更少优惠的条款和条件。我们称为"给予—获取"动态平衡。

当客户要求降价时，你可以使用"给予—获取"工具予以回应。它们是可用于为客户提供差异化价值收益的宝典。有了"给予—获取"，客户可以更容易区分价值更高和更低的选项。最终，"给予—获取"是谈判博弈中的另一个工具，可以根据需要进行或退出谈判，以达成交易。

打"给予—获取"牌有很多重要的好处。首先，它将谈判桌上的讨论主题从价格转变为价值。采购人员当然会生气，他们通常只想通过谈判获得更低的价格，并试图远离价值，因为这会削弱他们威胁你打折的能力。"给予—获取"机制提醒客户，仅根据价格购买产品或服务时，他们的利益将会减少。

对于一家公司来说，有无数种方法可以应用"给予—获取"机制。以一家工业产品制造商为例，该公司因通货膨胀和运输成本导致的原材料价格上涨而步履蹒跚。于是该公司宣布涨价，同时，他为最好的客户提供了一个按现有价格提货的机会，以换取较宽松的条款和条件。为了按现有价格提货，客户可以同意用更短的付款周期完成交易，例如，付款周期从30天降到15天。或者，客户可以同意增加整体采购量，甚至在订单中添加其他产品。否则，价格上涨将生效。

另一位经销商客户对燃油价格的突然上涨做出了回应，通知他们的客户将征收临时燃油附加费。虽然大多数客户接受了沟通好的附加费要求，但有一位客户抵制涨价。"好吧，"经销商回应道，"我们不会征收您的燃油附加费，但是，我们将不得不停止部分货物交付的方式。您要么需要等待订购足够的货物装满卡车才发货，要么派自己的卡车来拉货。不会再有订购少部分货物就用卡车发货的方式。"客户最后接受了附加费。

"给予—获取"动态平衡

有时，当一家公司决定通过明确收取客户之前免费获得的利益的费用来实施价格上涨时，"给予—获取"是动态的，并会发挥作用。认识到这种服务的价值是一回事，说服客户接受新定价是另一回事。

"给予—获取"提供了一个解决方案。在这种情况下，一家消防设备制造公司聘请我们，就如何让其客户——消防站接受涨价提供建议。一点背景介绍：消防站都是为了快速应对紧急情况。消防站管理人员看重供应商提供的一项服务是快速接收产品的能力。消防设备公司通常通过持有库存设备来满足客户的需求。换言之，该公司通过储存消防站可能需要的设备来预测需求，因此当收到订单时，可以立即发货。

持有库存是一项高风险的资金密集型服务。在通货膨胀时期，这种服务会变得更加危险。我们所做的研究就是帮助该公司计算库存成本，并了解了这样做带来的价值。一旦我们做到了这一点，客户的服务价值就显现出来了。该公司决定对其立即装运设备的能力收取额外费用。如果客户接受了额外费用，他们将有权立即收到库存订单。如果客户抵制涨价，没问题，他们将保留原价，但必须等订单通过正常的采购周期才能采购。大多数消防站认为快速获得设备有足够的价值，因此他们接受了涨价。

与降价相关的因素

"给予—获取"推动与降价相关的成本的降低，关键是保持盈利。也就是说，不要花太多时间去比较价格变化水平与成本变化水平。两者之间必须有某种关联，但不一定要精确。事实上，我们已经看到在成功的谈判中，高价值产品和低价值产品之间的差异成本几乎为零。比如，谈判涉及的一种通信产品有两个版本，第一个版本提供了基本的通信技术，第二个版本提供了先进的加密和地理定位功能（价值更高）。第一款产品售价12 000美元，第二款售价23 000美元。它们的成本差异是多少？激活一个软件"开关"，从而启用更有价值的功能。

在大多数B2B商务谈判中，用户和一些指定的负责人通常被排除在商务谈判之外。相反，由专业的采购人员来推动商务谈判。用户和指定负责人之所以缺席，是因为客户知道，当专业采购人员与实际认可供应商价值的团队分离时,他们可以更有效地虚张声势。问题是,真正的用户和决策者是否会让采购人员改变他们想合作的公司。

"给予—获取"机制不可能是空中楼阁。它要求组织中的每个人达成共识,那就是它到底是什么,为什么它是如此重要,在什么条件下它是合适的,甚至说在什么情况下它是无效的。商务团队必须有领导层支撑,以帮助他们进行更有力的谈判。

在一定程度上,"给予—获取"是与客户接触的法则。在"法则十:部署三种实践以增加利润"中,我们讨论了使用"交货保证"作为有效的"给予"。如果客户可以接受不保证按时交货,那么他们会得到更低的价格。如果客户随后打电话给公司总裁,抱怨没有按时交货,那么总裁就可以明确地告诉客户,因为他们没有选择按时交货保证,而是选择了更低的价格。目标是让组织中的每个人,从首席执行官到交付人员,都明白"给予—获取"是可操作的。

"给予—获取"与通货膨胀

持续的通货膨胀使涨价更容易接受,客户甚至预计价格会上涨。只要需求旺盛,你就可以提高价格。主要要求是敏捷灵活。无论如何,在定价决策时要诚实、透明、自信,但首先要做好快速行动的准备。在这种情况下,时间不再是你的朋友。以下是在通货膨胀市场中安全地提高价格的几种方法:

- 在需求旺盛的领域涨价，客户的客户将为涨价买单。
- 使用"给予—获取"机制为客户提供选择，而不是直接涨价。卖方使用"给予—获取"机制时要积极主动并提出明确规定，这样定价就不会受到影响。正确使用"给予—获取"会让客户在动荡时期有一种伙伴关系的感觉。
- 提高差异价值识别率低的产品的价格。记住，这意味着你仍在为客户保留价值，所以不要过多考虑差异价值。
- 相比于最终解决方案的整体价值，更应该专注于建议的价格上涨幅度最小的市场。换言之，100美元的涨价相对于价值100 000美元（1%）的整体解决方案，就要比100美元的涨价相对于价值1000美元的最终解决方案（10%）更加容易被批准。
- 首先向那些消耗大量资源（如高服务成本）但回报率低的客户提出涨价要求。
- 现代化治理应该准备就绪，以避免精选捆绑包，并确保战略和销售策略保持一致。
- 计划对客户合同和续约进行调整，以确保在需要时涨价。

好的围栏支持好的"给予—获取"机制

在推出低价值边缘产品和增值服务时，产品经理表达了两个非常真实的担忧。第一个担忧是，如果他们推出低价值产品，是否会蚕食对高价值产品的需求。第二个担忧是，他们将无法控制对服务的访问。

如果上述任何一种情况发生,都可能对其损益造成严重破坏。

为客户提供一个合理、规范的产品组合结构供客户选择的主要原因之一是,防止他们以不合理的低价获得高价值产品。任何好的产品组合结构的核心都是建立围栏。围栏听起来就是字面意思:它阻止客户在没有付费的情况下获得功能和服务。产品经理可以用正确的围栏保护产品价值。

最近,我们与一家数据供应商合作,以帮助他们更好地了解客户如何评价各种数据和分析工具。为了推动这一策略,数据供应商创建了一个基础平台,以实现对功能和数据访问的控制。由于大多数客户最初使用这些数据进行筛选,因此该供应商为每个客户提供了这一基本功能。客户可以支付更多的费用来增加更复杂的筛选技术。另一个附加功能是调整数据背后的基础分析。数据供应商通过功能来限制对数据的访问,并专门针对客户需要的内容收费,避开了高价值的功能,从而保护了价格。

你的客户能在你的产品组合中看到这种逻辑吗?如果没有,你正在破坏他们对你的信任。你也在变相地鼓励他们与你的销售团队玩扑克游戏,并更积极地进行谈判。如果客户在你要求他们进行的价格—价值权衡中,看不到逻辑性和完整性,那么你的业务就其潜力而言是表现不佳的。你选择的任何衡量指标,如促销员净得分、客户寿命、终身价值、净价变现、平均订单规模等,都会因为围栏没有设置好而受到影响。

第八章 法则八：建立"给予—获取"机制

IT产品分销竞争十分激烈。生产厂商参与竞争，试图引起你的注意；客户为他们购买的每一种产品定价；还有竞争对手将以牺牲0.20%的利润率从你手中赢得交易。在这种环境下，你如何销售价值？我们与其中一家分销商合作，就是为了做到价值销售。我们首先从经销商那里了解到客户看重的是什么。在这种情况下，客户看重的是经销商的客户代表、优惠的付款条件、当天交货和技术支持。

接下来，我们创建了三类产品，充分改变了价值驱动因素，为客户选择他们想要的选项划清了界限。第一类产品是针对价格敏感型买家的，客户只能以尽可能低的价格在网上交易，并且不提供任何服务。第二类产品为客户提供了30天的净付款期限、折扣的技术支持费，以及根据我们的优先级提供的不同交付服务。第三类是优质产品服务。这一级别的客户可以匹配一个专职的销售人员，给予60天的净付款期限，保证当天交货，且每月可以免费获得一定数量的技术支持。项目实施和培训客户了解这些选项还需要做相当的工作。客户对我们的产品和分类界限的透明表示赞赏。通过这一转变，我们的客户最终获得了超过50个基点的利润提升。对于200个基点的企业来说，这是25%的收益。

捆绑销售：战略定价大师

"给予—获取"的中心目标是认识到收紧产品结构的力量，以提高销售团队管理棘手的价格谈判的能力。产品中的选择首先是定义核心解决方案，然后是预期解决方案，最后是增值解决方案。你需要定义低价值、中价值、高价值的服务，并致力于为它们获得公平的回报（价格）。

仍有两个挑战需要解决。第一，是认识到大多数企业向不同的客户群销售产品，这些客户群对他们的价值有不同的认识。第二，是在细分市场中，个别客户对相同产品的价值认知也有所不同。如果没有深思熟虑的计划来管理这两个现实挑战，价格自然会向下浮动，以适应对价格最敏感的客户群。接受这种价格下行趋势，是确保企业覆盖整个市场的一种方式。但这肯定不是最好的盈利方法，因为它把利润留给了那些获得了高价值，也愿意为你的产品支付更多费用的客户。

解决这一困境的方法是使用捆绑包。捆绑销售的逻辑很简单，这个想法是将两个或多个产品、服务或属性特征打包，以创建出可变的价格—价值包。其好处包括：

1. 当客户群体将更高的价值赋予潜在捆绑包的各个组件上时，他们将会创造机会为你创造更多价值。

2. 提供优惠价格。捆绑包价格低于组件价格之和，激励客户购买更多的产品。这里的关键是捆绑包价格足够优惠以吸引客户，促使他们购买捆绑包。

面向整个市场的定价方法是最低标准的方法。相比之下，捆绑销售提供了一种从产品的单个组成部分中获得更多收入的方式，而不是将其定价覆盖整个市场。它允许你为所有客户提供服务，同时，还能从那些对你的产品有更高的价值认知的客户处获得更多报酬。让我们看看捆绑销售是如何起作用的。

假设你是一家软件公司的产品经理，该公司提供跟踪客户使用情况和预测未来行为的解决方案。你目前关注的是城际铁路运力和赌场吸引赌客的愿望之间的相互作用。你与很多客户会面，并获得了一些深刻的洞察。

赌场更看重跟踪豪客使用趋势的能力，因为它允许他们设置触发器，当那些挥金如土的豪客仍在赌博时，能够为他们实时提供免费服务（恭维的话）。当然，目标是让这些高价值客户继续赌博。赌场看重预测这些豪客未来消费行为的能力，以便与他们建立联系。

另一方面，客运铁路公司有兴趣鼓励更多人乘坐火车。有了这一重点，这些公司更重视使用跟踪服务，将其作为协调简单促销活动的手段。他们也会用趋势分析，但只有与当地酒店合作促销时才使用。

图8.1展示了两类客户对两种不同软件产品的价格敏感度。一家赌场愿意支付600美元购买跟踪软件，但需要花1200美元购买趋势分析软件，因为这将帮助他们如何恭维他们的忠实客户。而客运铁路公司认为跟踪软件的价值更高（愿意支付1000美元），但只愿意为趋势分析软件支付400美元。图8.1显示了可能的单个价格。

	跟踪软件	趋势分析软件
赌场	$600	$1200
客运铁路公司	$1000	$400

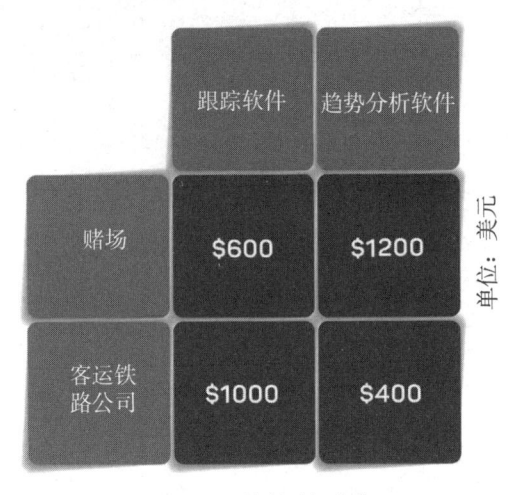

单位：美元

图 8.1　价格敏感度

如果不捆绑销售，如果我们想要定价覆盖整个市场，我们将被迫选择最低的潜在价格：600美元用于跟踪软件，400美元用于趋势分析软件。然后，这两个软件加起来的最高收费就被限制在1000美元。这会导致企业损失很多利润。

摆脱这种困境的方法是，看看每个细分市场或使用场景，是否有人愿意为两个软件一起支付费用。在这个案例中，赌场愿意支付1800美元（600美元用于跟踪软件，1200美元用于趋势分析软件）。客运铁路公司愿意支付1400美元（1000美元用于跟踪软件，400美元用于趋势分析软件）。我们这样来看待这个机会，可以收取1400美元的捆绑包费用。相比于1000美元（两个软件加起来的最高收费），这可是40%的增长收入啊。

螺母和螺栓的捆绑销售

捆绑定价在两种情况下是有效策略。第一，当提供的是多种互补产品或服务时，它是有效的。第二，当你想增加小批量物品的感知价值时，它会起作用。当一起销售时，互补的产品或服务能为客户提供最大的价值，并改善他们的购买体验。

考虑到捆绑销售对组织的财务健康是至关重要的，我们需要花更多的时间为实现目标奠定基础。一组可信的捆绑包是遵循简单过程的结果。首先，从一个简单的客户细分方法开始。在"法则四：了解你的价值"中，我们描述了客户价值的触发因素。回到上文提到的数据供应商的例子，他们知道他们的数据具有很高的价值，所以他们每年能销售价值数千万美元的信息产品。

该公司不知道的是，客户在投资决策过程中实际上是如何使用数据的。客户访谈揭示了数据的三种不同用途。大多数客户应用他们自己的分析过程，来探索潜在投资的范围，以选择一个合理的分组，从而更容易做出投资决策。一些客户希望改变数据背后的假设，为自己的分析创建新的投资组合。还有一些客户，用这些数据来对自己顾问的分析和决策做检查验证，换句话说，这是一种风险转移技术。有效的捆绑销售可能是一种竞争优势，将吸引竞争对手的需求。这种对客户使用场景的简单了解为以下洞察提供了基础：

- 捆绑产品和服务几乎适用于所有购买环境。它简化了采购并使客户购买更多产品,因为捆绑包的折扣价比单个项目的价格低。折扣不需要很大,10%~15%的折扣就很有效果。

- 为了使捆绑销售有效,捆绑包的价格应低于组件的价格之和。如果捆绑包中任何单个产品的价格明显更低,那么购买捆绑包的动机就会丧失。除非你提高组件的价格,否则你不能用捆绑包来提高组件的价格!如果无法控制组件的价格,捆绑包也无法解决问题。

- 即使在促销期间,单个产品的价格也会随着包含它们的捆绑包的价格而不断合理化。这是保护捆绑包完整性的方式,买家需要知道他们在捆绑包中获得了最佳交易。

- 在捆绑包中开发"给予—获取"选项,是客户经理可以用来赢取高利润订单的强大销售工具之一。

这条经验适用于所有为客户提供捆绑销售,或打包销售解决方案的公司。现在,我们看到很多客户对捆绑销售感兴趣,他们希望开始捆绑销售,以弥补新冠疫情导致的销售额下降。但是你首先要认识到,需求下降不是一个捆绑包就能解决的。

不要搞砸捆绑包

产品和服务的捆绑是有效的,它简化了采购,并鼓励客户购买更多的产品或服务。再次重申，捆绑包价格必须低于组件的组合价格。一旦任何单个产品的价格达到一定水平，客户就没有购买捆绑包的动机。单个产品的价格需要定期维护，并与包含它们的所有捆绑包的价格进行比较，即使是短期促销期间也要如此。这样，可以保护捆绑包的完整性。

如果你对单个组件采用更低的价格，那么你的客户将会打破捆绑包，以更低的总价购买单个组件。除了让捆绑包中各个组件的价格过低，通常还有两种方式会让管理者"搞砸捆绑包"。

允许客户在价格谈判中打破捆绑包，破坏价格的完整性。一家生产工业零部件的供应商根据订单的产品数量和总金额来提供折扣，这是一种合法的大客户捆绑销售形式。玩扑克游戏式的客户往往会从供应商那里挑选出单个价格最好的产品，并将其余业务（产品的购买）交给供应商的竞争对手。

供应商之所以这样做，是因为担心失去全部业务。最终结果是，原本用于鼓励向该供应商下整体业务订单的激励措施遭到破坏，单个产品的市场价格暴跌。随着时间的推移，这种恐惧导致该供应商最终倒闭，并被竞争对手收购。

一个更好的方法是显示整体业务的折扣百分比，而不是让客户以更低的价格下单。折扣应在订单量达到一定要求后获得和授予。

在把捆绑包搞砸了的例子中，麦当劳的捆绑包（套餐）是我们最喜欢的。麦当劳曾提供10%的折扣，以刺激对薯条的需求。然而，这导致套餐销量的减少，并导致99美分汉堡的销量增加。套餐是特许经营店的传统赢家，因为通常只买汉堡和饮料的顾客会选择打折加薯条。考虑到捆绑销售所代表的"便宜"，顾客甚至会"加大"他们的订单量。麦当劳的一美元促销活动在汉堡销售方面取得了成功，但阻碍了套餐的购买，而套餐一直是麦当劳连锁店的坚实支柱。

捆绑销售策略可以提高客户满意度、销售额和利润，但与其他定价策略一样，捆绑销售需要精确执行。如果像麦当劳这样伟大的营销公司都能够"搞砸捆绑包"，那么，其他公司可能也会搞砸。

本杰明·富兰克林（Benjamin Franklin）曾警告过殖民时期美国的商业领袖："永远不要把动作与行动混为一谈。"我们怀疑富兰克林的《穷查理年鉴》（*Poor Richard's Almanack*）的订阅权被出售时从未陷入价格竞争，这是富兰克林于1732年至1758年出版的作品。但他在定价策略上远远领先于我们。他使用了围栏和"给予—获取"策略，如不同级别的订阅和连载等策略，以便读者年复一年地购买年鉴，从而了解上一份年鉴中描述的人物的情况。富兰克林提供了价值，并据此为年鉴定价。

第九章
法则九：培养销售骨干

销售骨干

除非你有"销售骨干",否则你无法成为产品价格的主导。我们用"骨干"来表示"抵抗压力的东西"。即使是最好的定价策略也会失效,除非销售人员、经理和高层领导在销售和谈判过程中展示出支柱作用。销售骨干(最接近客户的人)是"定价的最后一英里",包括销售团队、商务团队以及指导他们的领导层。如果在价格执行过程中没有销售骨干作支撑,公司就注定要把钱留在谈判桌上。

我们从一个故事开始,来解释培养销售骨干的每一个细节。我们的一个客户打来电话,其主管销售的执行副总裁要求我们帮助他们与一位客户进行微妙的销售谈判,这是一位他们无法承受损失的客户。他希望我们的咨询顾问为解决方案定价,因为他知道即将与大客户进行的谈判非常棘手。这次谈判帮助我们的客户抓住了给他们带来丰厚利润的大客户。

一些背景介绍:我们的客户是一家半导体制造商,有几个提供相关产品的全球大型竞争对手。他们的产品在价格高度敏感的市场中是一种成熟的产品。我们了解到,他们的客户是一家知名的磁盘驱动器生产商,需要越来越多的半导体来支持驱动器组装和即将发布的新产品。

第一步是开始寻找价值。寻找价值是销售公司如何增加价值,并区分其功能集的过程，这是制定公平价格的基础。我们的目标是准确地确定，磁盘驱动器生产商需要哪些功能来定位其价值。我们的客户派出了一支训练有素的技术人员团队，参观了磁盘驱动器生产商的设计团队。侦察队回来时提供了一份包含五页内容的清单，上面列出了磁盘驱动器生产商所需的技术功能。然而，清单中压根就没有增值机会。交易中指定的半导体是大宗商品，所有的竞争者都提供了相同的规格。

我们需要能够用来区分客户产品与竞争对手产品的信息。我们试图与客户的技术人员和负责制造下一代磁盘驱动器的设计团队召开额外的正式会议。此时，客户的采购代理成了一个障碍，坚持控制关系并拒绝接受采访。

每一个障碍最终都会有一个完美的解决方案。在这种情况下，当正式会面失败时，我们尝试非正式会面。午餐时间，我们让团队带着热比萨和冷饮来到客户的办公室。技术人员被邀请进来，随后进行了交谈。最终他们拼凑出了一些有价值的情报。

客户更喜欢的两个供应商

首先，我们了解到在八个潜在供应商中，磁盘驱动器公司确实更喜欢其中的两个供应商。其中一个是我们代表的客户，另一个是我们客户最大的竞争对手。其次，我们了解到磁盘驱动器公司有关键的交付要求，以满足其新驱动器的预期需求。这两个事实对我们的客户非常有利，因为他们在满足交付要求方面有着出色的历史，比竞争对手更好。现在我们可以着手制定具体的定价策略了。

我们计算出，磁盘驱动器公司如果选择我们客户的，而不是竞争对手的半导体，获得的增量价值下降到每台4美元。我们必须确保他们的定价符合公平性测试。关于我们的客户可以从每台4美元的增量价值中获得多少比例，并且对客户仍然是公平的，有很多讨论。

最后，我们建议我们的客户多收25%的费用，或者每台多收1美元。我们认为，每增加1美元是对每台增值4美元的公平交换。我们了解到，竞争对手很可能会少收1美元，采购人员会使用激进的博弈战术，让我们的客户降低价格。

谈判接踵而至

任何谈判的第一步都是要比对手更了解对手的立场。根据我们的洞察，我们预测了客户的行动。首先，客户的采购代理争辩、威胁并恐吓我们客户的销售团队。幸运的是，我们已经让团队做好了自卫的准备。规定的反击话语是："我们很乐意接受较低的价格，但在这个价格下，我们无法向您提供您期望的交货保证。"

客户的采购代理加大了游戏的力度，在最后一刻取消了会议。他让我们客户的定价团队冷静下来。他打电话给我们客户的高管，试图利用定价策略中的弱点逼我们的客户让步。然而我们客户的销售团队在接受了新一级销售骨干的培训后,预料到了他的所有举动,没有让步。最终,采购代理让步了。

就像每一次好的谈判一样,结果都是双赢的。在随后的几年里,该公司销售了1300万个含有我们客户的半导体产品的磁盘驱动器。这个磁盘驱动器公司一夜之间成为能够给我们的客户带来最多利润的大客户。通过寻找价值并制订谈判计划,我们的客户从谈判桌上获得了额外的1250万美元。

骨干的关键要素

要使骨干发挥作用,卖家需要问两个简单的问题。

第一个问题揭示了客户的真实购买行为。客户对不同的供应商有不同的议程。每个议程和后续的买方行为都要求供应商准备不同的产品或解决方案、定价、卖点和谈判方法。有四种类型的买家代表了世界各地可观察到的买家行为。了解这些行为有助于卖家在谈判前、谈判中和谈判后为客户制定更高效、更盈利的方法。接下来我们介绍一下这四种类型的买家。

价格型买家。这些客户只按价格购买,他们不在乎增值的强化功能,也不在乎华丽的点缀。他们制定采购标准时会考虑尽可能多的供应商,并确保每家供应商都有资格参与竞标。价格型买家非常小心,不会让自己承诺任何特定的供应商，以确保他们没有转换供应商的成本。价格型买家很好识别，主要是因为他们为了追求最低的价格而频繁更换供应商。如果你想以保持盈利的价格卖给价格型买家，你需要有尽可能低的成本。

价值型买家。价值型买家已经认识到基于价格进行采购的缺陷，并拥有非常复杂的技术或业务流程人员，他们定期评估可选供应商提供的价值。他们的目标是量化价值，并从有限的可信赖的供应商中选择最佳的方案。价值型买家很清楚他们的目的是什么。在与价值型买家接触时，你首先需要了解他们正在寻找的价值，向他们展示你可以成为或已经成为值得信赖的供应商，这一点很重要。

关系型买家。关系型买家依靠与可信供应商的密切关系来满足他们的需求。一般来说，关系型买家已经在每个领域与特定的可信供应商建立了关系。他们有时会意识到，当前的供应商已经不能满足他们的需求。此时，他们通常会转向价值型购买行为，以评估一小群信任的供应商。如果卖家是那些值得信赖的卖家之一，他们需要领先于这个特定客户不断变化的需求，始终寻找新的方式来满足客户的需求。如果你在信赖圈外面，你需要有无尽的耐心，耐心地表明你是值得信赖的。在很多情况下，你不会从客户那里得到任何生意。不过你可以通过满足客户的小需求来实现，以表明你可以成为一个值得信赖的供应商。诀窍是与客户保持紧密联系，以便他们的现有供应商无法满足需求时，他们会来找你。

玩扑克型买家。玩扑克型买家又是价值型买家和关系型买家。他们知道，如果他们关注价格，通常可以让供应商给高价值的功能和服务打折。玩扑克型买家已经了解到，绝望的供应商会不择手段地获得他们的生意。识别玩扑克型买家的关键是，确定他们是真正的价值型买家，还是伪装成价格型买家的关系型买家。

第一本关于价值的现代书籍Techniques of Value Analysis and Engineering，专注于如何从供应商那里获得更低的成本。这是教育采购人员成为玩扑克型买家的第一步。该书由劳伦斯·D.迈尔斯（Lawrence D. Miles）撰写，他曾是通用电气公司的专业采购人士。该书主张并倡导企业对采购人员进行专业培训，以专业的谈判获得更低的价格。从那时起，大多数国家都有采购人员专业协会，对如何与供应商玩扑克游戏进行广泛培训。

有趣的是，很多公司都高估了价格型买家相对于价值型买家和关系型买家的比例。平均而言，专业卖家估计他们70%的客户是价格型买家。事实上，我们的研究表明，只有30%的客户是价格型买家，另外的40%由玩扑克型买家组成。我们相信，这一数据在世界各地的各个行业都在急剧增长。

买方行为与通货膨胀

在通货膨胀的市场环境中，卖家被指派提出价格上涨的要求。即使在最好的时候，这都是一项令人不舒服的工作。而当客户感觉到成本上升时，这项工作就更加困难了。如何才能让销售团队做好准备，传递涨价信息并坚持下去？首先，不管买家的行为如何，都要为可能的反对意见做好准备。与商务团队一起进行白板练习，将重点突出大多数反对意见，并让他们经过深思熟虑再准备答案。

- 对于价格型买家，给予他们接受涨价的选择，或者撤销合同。如果产能有限或供应链中断，最好先将现有产品卖给高价值客户。
- 价值型买家需要选择。在讨论当前产品涨价的同时，提供一个价值较低的选项。这将改善你的整体客户关系，因为他们认为你最关心的是他们的利益。
- 关系型买家最了解价格上涨的必要性。对于这一群体来说重要的是不要将他们与其他类型买家相比较。这肯定会让你失去信任和长期承诺。
- 玩扑克型买家（变相的价值型买家或关系型买家）将在涨价中最大限度地反击。首先，揭露他们的真实行为。你可以通过提出取消当前合同来实现这一点，这肯定会引起他们的回应。然后你再同他们讨论涨价或降低价值的选择。

实施涨价的最关键因素是所有客户都接受涨价。否则，接受涨价的客户会疏远你，因为他们意识到其他人没有涨价。这样会创造更多玩扑克型的客户。

你在谈判桌上的地位

第二个问题揭示了你与决策者的真正关系，以及你在谈判桌上的地位。想想你作为卖家是否与决策者保持着积极的关系。客户的漠不关心意味着你们之间缺乏积极的关系。在这一点上你不能让自己上当受骗。

什么是良好的关系？首先是与决策者能够进行公开、坦诚的讨论。这意味着他们会诚实地告诉你你的立场，以及你如何帮助他们更好地服务他们的客户。他们将给予批评和赞扬，两者都是礼物。决策者是预算负责人，很少是采购人员。一般来说，采购人员成为决策者的唯一可能性是当他们是价格型买家时。其他时候，他们只是玩扑克型买家，是吓唬你的高手。

几年前，我们与一家大型造纸公司合作。我们接到一位高级销售主管的电话，她想要征求我们的建议以应对一场高风险的谈判。他们的策略非常适合关系型买家。遗憾的是，我们确定这个客户是真正的价格型买家。经过讨论，我们预测，她的公司几乎没有机会使用预定的策略，来从这位特定买家手中赢得这单生意。我们建议这位高管改变她的策略，或者把她的时间专注于更有前途的客户。这位高管愤怒地拒绝了我们的建议，并与她的团队一起努力为战斗作准备。两周后，他们果然失去了这单生意。

我们如何知道这个买家是价格型买家，而不是高管假设的关系型买家？曾经，我们的客户（大型造纸公司）确实与这个客户保持着长期的关系。但该客户最近被一家有着悠久的价格购买历史的企业集团收购了。此外，我们了解到，该集团的买方已经接管了所提供的特定产品的采购，并邀请了大量其他公司与我们的客户一起投标。这显然是一种价格型购买行为。

骨干需要对事实有清晰的了解和准备。为了在与客户谈判的游戏中获胜，销售人员和高管必须对客户真正想要什么，他们愿意支付什么，以及随后交付的能力有一个清晰的认识。了解客户可能的购买行为至关重要，因为它告诉卖家：第一，是否有机会赢得这单生意。第二，需要做什么，以确保不会把钱留在谈判桌上。你在谈判桌上的地位告诉你，你是否真正有机会赢得这单生意。

征求建议书

在这一点上，花点时间讨论征求建议书（Request for Proposal，RFP）是值得的。RFP或标书通常是一个信号，表明客户正在尝试做四件事之一。第一，他们正在利用这一策略压低现有供应商的价格。第二，他们正在进行一次考察，以了解广大供应商将如何应对，而不是立即有需要。第三，他们是价值型买家，让有限数量的供应商跟上他们的步伐。第四，他们是真正的价格型买家。了解RFP的真正原因

第九章 法则九：培养销售骨干

将有助于你决定是否应该投标,如果应该投标是否有机会中标并获利。如果你不知道原因,在你知道原因之前不要回应。

在我们给你提供建议之前,请回答以下问题。

- 你的RFP获胜的概率是多少？
- 你的员工在响应每个RFP上花费了多少时间？

关于第一个问题,我们经常惊讶于我们的客户没有数据来回答这个简单的问题。关于第二个问题,如果你在RFP上平均花费几个小时,并且你的赢率低于20%,那么你很可能在浪费资源来响应RFP。

令人遗憾的是,占主导地位的供应商总是频繁地响应客户的RFP。当RFP指标的采购责任从技术人员或用户转移到采购代理那里时,尤其如此。当有第三方顾问管理投标过程时,情况也是如此。一个占主导地位的现任供应商所能做的最糟糕的事情就是响应RFP。当他们这样做的时候,他们要么不得不大幅降价,以赢得他们已经享受的业务,要么正在考虑将竞标输给低价值供应商。与响应RFP相比,用骨干销售是应对这种策略的更好方法。我们给你讲一个关于一家公司的故事,该公司没有用简单的几句话阻止客户尝试运行RFP。

我们遇到了一个金融服务客户的情况,该客户是一个价值1000万美元的银行审计合同的首选供应商,而且这个合同要求必须尽快完成。银行客户聘请了一家大型咨询公司来管理谈判,这清楚地表明他们在玩扑克游戏。我们相信,咨询公司会告诉银行,他将成功地让我们的客户大幅降低价格，从而证明其收费是合理的。然而因为我们做好了准备，我们用骨干销售的行为准则破坏了咨询公司的战略。

我们客户的合伙人向银行做了陈述，然后迅速关闭了电脑，准备离开房间。玩扑克游戏的咨询顾问拦住了她，说他们可能会招标。合伙人接着说："我们认为你可以这样做，但如果你这样做，我们的价格会上涨，并且我们将无法在你需要的时间内完成这项工作。"然后她很快离开了房间。我们很开心地想象着银行高管敲打玩扑克游戏的咨询顾问的情景。几天后，我们的客户以1000万美元的价格完成了这次交易。

信任的重要性

在处理关系型买家和价值型买家时，信任至关重要。我们研究发现，价格型购买行为有两个主要驱动因素。第一个驱动因素是公司的规模。大公司有足够的实力培养自己的专家团队，来创建广泛的技术规范参数，并根据是否满足这些技术规范参数的能力来评估可选供应商。但即使是大公司，在专业服务和先进技术领域也要依赖可信赖的供应商。第二个驱动因素是对销售公司和销售人员的信任程度。这很重要，因为如果没有与客户建立信任关系的计划，那么，客户将会是价格型买家，或者是玩扑克型买家。

最近，我们与一家大型科技公司的首席执行官进行了交谈。这位首席执行官正在建造一栋房子，我们是他考虑使用的建筑商的参考。这位首席执行官表示，主要要求是建筑商必须准时并按预算完工。这个目标是合理的。然后我们告诉他，有人与他有同样的目标。那个人找到了一家按时按预算施工交付的建筑商。但在第一年，房主不得不更换房子里的所有橱柜和地板。为什么？因为，如果大多数建筑商偷工减料的话，他们就可以按时在预算内给你建成一栋房子。可他们将不得不偷工减料，因为建造一个重要的家，从本质上来看是不可预测的。我们建议，比起空洞的承诺，更重要的是信任。

这位首席执行官接受了我们的建议。他真正想要的建筑商是一个值得信赖的人，能够处理建造房子的过程中的不可预测事件，并让首席执行官满意。因为首席执行官经常出差，所以他必须依靠建筑商做出日常决策，其中一些决策势必会影响进度和预算。我们讲述了我们与这家建筑商合作过的愉快经验：我们是如何在没有合同的情况下，以灵活的预算，同建筑商达成一致，完成项目的。也许你认为我们很愚蠢，但我们可以告诉你，当你对拥有专业知识和正直品质的人充满信任时，工作的效果通常会更好。此外，体验会更加愉快。

许多公司仍然倾向于与他们信任的供应商打交道。他们总体上省去了很多烦恼并节省了金钱，且每次都能获得高质量的结果。我们与我们的最大客户之一建立了真正的信任关系。我们就像是他们的员工一样工作，他们也相信我们会做出正确的事情。我们也可以对他们坦诚相待，并愿意为他们的成功做出深刻的承诺。相信我们，这是做生意的好方法。

创建极具影响力的价值信息和销售工具

记录价值是证明价格合理性和定义产品的重要方式，却不具有说服力。如果销售专业人士无法捍卫不同产品和定价选项背后的逻辑，那么当他们向客户展示时，他们将处于一个不安的境地。解决方案是为销售专业人士提供销售价值和维护价格所需的工具。

要做到这一点，销售专业人士必须能够进一步利用已发现的客户价值。这些发现的客户价值需要放到一个简单的模型中，以展示客户如何从公司的各种产品中获得可量化的价值。这种做法为客户提供了一个结构化的问题分析，以帮助销售团队根据具体情况来逐案确定其产品和服务对客户业务的财务影响。

遗憾的是，市场人员给销售人员提供的大多数ROI工具都不起作用。这些工具失败的主要原因是销售人员觉得太复杂或不可信，因此不用。另一个原因是，有相当数量的客户不相信分析的结果。

解决方案是开发使用客户自己的数据的销售工具。分析应明确考虑竞争性替代方案。其目的是通过向客户隐藏信息，使客户的购买决策更容易，而不是更难。对许多销售专业人士来说，直接呈现竞争对手的数据似乎有些反常。为什么要引入对比来加强客户的谈判地位？事实是，将你的产品与竞争对手的产品进行比较，既突出了优势，也突出了劣势。这种销售上的平衡实际上提高了销售人员的可信度。

除了可信度问题，还有另一个主要区别。传统的ROI建模提供的数据通常是基于客户的平均数，这些数据在一定程度上针对一群客户进行了汇总。详细的比较由客户决定，客户可能无法准确或公正地判断。通过提供所有需要的详细信息，逐案比较，可确保卖方始终参与到评估过程中。通过这种方法，客户更有可能信任数据。

可靠的销售工具易于构建。如果客户无法直接从潜在供应商处获得比较数据，他们将开发自己的内部模型来完成数据的比较。一旦他们这样做了，他们将很少分享他们分析的全部细节。相反，他们会利用这些信息，在价格谈判博弈中让一家供应商与另一家供应商竞争。

通货膨胀期间的骨干

在通货膨胀时期，销售骨干更为关键。这也许比以往任何时候都更重要，因为采购人员正在加大力度以确保更低的价格。幸运的是，他们也承认了你需要知道的一个关键弱点，这样你才能在扑克桌上吓唬他们。我们怎么知道？因为我们会收听采购播客来了解他们在做什么。

采购部门将抵制你的论点，即通货膨胀的结果就是增加成本。在本书中，我们一直在讨论提高价格的必要性，因为你的成本正在增加。要做到这一点，你必须让你的销售团队做好准备，用销售骨干来执行这些涨价。为什么？因为采购人员已经在准备应对销售团队的回应。他们的回答是："不，我们没有预算，你必须自己承担增加的成本。"另一个常见的技巧是拖延，让销售分解成本以解释成本为什么增加。

许多客户的致命弱点是他们需要可靠稳定的供应链。从世界各地的商品到高价值专业服务，采购人员都明白，在这些动荡时期，可靠稳定的供应链往往是一个问题。请记住，他们的首要工作是确保提供优质的产品和服务，以保持自己的业务不间断地运转。业务中断是极其昂贵的。你可以在谈判中利用这种确定性来削弱他们的出牌方式。怎样做呢？使用可靠稳定的供应链作为"给予—获取"的呈现方式。如果买方拒绝接受你的涨价，请告诉他们，要么接受涨价，要么他们将不再获得可靠的供应，这么做每次都有效。

采购人员知道，对于谈判桌对面的供应商来说，这是一个未知的领域。他们知道你不知道如何在有合同的情况下提高价格。他们知道你专注于维持客户关系，也想知道你在维持客户关系方面有多认真。骨干是他们正在寻找的"需要认真对待的"。我们将在"法则十：部署三种实践以增加利润"中讨论这一点。

维沙尔·库马尔（Vishal Kumar）是印度新德里 AmeCast 公司的总裁。该公司专门为国内工业制造工厂和加工行业更换不锈钢和高合金铸件。该公司的执行团队使用销售骨干已超过 10 年。由于最近的需求低迷和通货膨胀，该公司为所有产品制定了价格—价值矩阵。为了找出真正的买家，所有的查询都会转到该公司的网站，该网站有大量的信息。该公司期望，在公司投入大量精力之前，真正的买家必须具备相应的资格。此外，该公司通过对所有增值服务收费，诸如参观客户的生产设施，来获取其提供的价值。为了应对中国竞争对手的价格竞争，AmeCast 公司可靠地应用了"给予—获取"方法。例如，维沙尔·库马尔受到一家大公司的款待，这家大公司试图让他支付投标费。初始费用需求为 500 卢比（约合 6.45 美元）。当维沙尔·库马尔告诉他们他不会支付任何费用时，该公司将要求降至 100 卢比（约合 1.29 美元）。在绝望的时候，买家会表现出最糟糕的一面，尤其是当他们向你推琐碎且微不足道的东西时。但如果拥有销售骨干就可以减轻痛苦，至少在这种情况下，可以让我们的客户与不合理的买家玩得开心。

销售骨干的关键要素

对于希望看到通过销售骨干增加收入和利润的公司来说，有几个关键要素：

- **获得高管支持**。高管需要学习、拥抱和支持销售骨干。了解公司价值的高管人员将支持在市场上收取公平和一致的价格。
- **以合适的交易瞄准合适的客户**。并不是所有的客户都可以成为好客户（容易达成交易，并且能够增加利润的客户）。价格型买家需要获得盈利，或者在达成交易之前，你需要一条清晰的盈利途径。相反，一个优秀的玩扑克型买家在冒充价格型买家时，可识别出价值型买家和关系型买家，并采取必要的措施将价格保持在应有的水平。

- **不管是个人还是公司，都要以价值为核心。**这不仅仅是对"价值"一词的口头承诺。我们谈论的是要将价值置于企业文化和组织信仰体系的核心。我们有幸与一位崇尚价值的公司总裁合作。当这位高管领导一个部门时，可能需要一年或更长的时间来梳理机会，但他通过相信该部门的价值并期望其员工也这样做来改进部门。在最近的一次培训中，一位销售代表突然意识到，她的最大客户正在和她玩扑克游戏。这位销售代表带着新发现的销售骨干，回到谈判桌上，展示了她的产品是如何为客户节省数百万美元的。她和她的团队就价值8000万美元的业务展开谈判并赢得了300万美元的额外利润。

本次谈论的底线是除非你有销售骨干，否则你无法实施公平定价。无论产品、服务、行业和地理位置如何，自信定价都是与销售骨干有关的。

第十章

法则十：部署三种实践以增加利润

定价的10项法则：增加利润，保持领先

增加利润的三种实践

价格理论和复杂模型都很好，但定价的成功通常来自我们多年来学习的一些显著增加利润的实践。这些实践直截了当，易于沟通，即使在面临40年来最高持续通货膨胀率挑战的复杂组织中，也很容易实施。

成功企业的首要目标是什么？在盈利的情况下为客户服务。如果没有利润，你做的就不是生意，而是爱好。现在，利润部分可能看起来很明显，但在激烈的价格竞争中，你会惊讶地发现，利润的必要性往往在行动上被忽略了。我们看到，在所有行业和垂直领域的众多谈判中，盈利能力都处于次要地位，任何企业都未能幸免。我们多次看到我们的客户陷入细节和日常演习的泥潭，以致他们失去了对利润奖励的关注。

我们的最终建议是要先关注利润。做好这一点，你就不会花太多时间担心收入和销量了。

当考虑通货膨胀时期的定价策略时，这个事实是千真万确的。但你要知道，没有什么灵丹妙药可以通过定价来"解决"通胀问题。目标是保持盈利能力，并在通货膨胀的市场中努力增长。我们必须谨慎管理我们掌控的杠杆，并在正确的时间、正确的地点，用正确的原因（策略执行）拉动它们。

重要的是，定价专业人士不应全面推行平均大幅涨价。要有一个周密的计划，在需求旺盛且客户觉得有价值的地方提高价格。建立一个高效的组织以快速响应市场变化。首先要实现治理的现代化，以确保增长的持续性。在动荡的市场中，情况可能会迅速变化。今天是通货膨胀问题，明天可能是其他问题。制订正确的计划和流程，以领先于接下来可能发生的事情。

在通货膨胀期间保持盈利能力

世界正面临40年来最严重的通货膨胀问题，这已不是秘密。在全球范围内，通货膨胀正在削减各个行业及公司的利润。世界各地的企业正忙于应对成本的急剧上升问题，以及疫情所引发的供应链问题和劳动力短缺问题。

通货膨胀使卖方觉得，在捍卫自己的价值主张的各个方面都被颠覆了。好消息是，即使在通货膨胀期间，企业也能蓬勃发展。是的，公司不得不提高价格，这是不可避免的。但是，价格的上涨应该是经过深思熟虑的，产品的选择应该精准到外科手术级别。

客户是独一无二的。与其实行全面涨价，不如根据客户收到的价值、服务成本和历史业绩来精准调整价格。不要害怕那些抵制涨价的低价值客户的离开。在这种情况下，当离开是正确的选择时，支持销售专业人员是至关重要的。你的努力应该是用一个对利润更有帮助的客户，来取代一个低价值客户带来的损失。

- **考虑对间接增长收费**。除了与通货膨胀指数挂钩的直接价格上涨，B2B公司还可以转嫁燃油附加费、加急运输、库存持有和更长的付款期限。通过抢购订单、部分卡车交付、延期付款等方式，来挑战那些侵蚀利润的低价值客户。如果他们不支付费用，就让他们去找其他供应商。

- **将价格换成其他有价值的功能**。通过提供其他好处，为抵制直接增长的客户做好准备。这些好处的范围从供应量保证到捆绑产品或调整服务水平。

- **关注现有客户合同中的强制执行条款**。审查并执行可能存在的价格上涨紧急措施。为销售专业人员配备数据和脚本，以便与销售骨干进行任何预期的困难对话。贝恩公司和普莱斯公司分析的一份全球样本显示，普通工业企业因发票之外的折扣和一些漏洞而损失了超过6%的收入，这是一笔不错的利润。

- **调整产品组合**。在通货膨胀和供应冲击时期，最新的SKU级的盈利能力至关重要。正如有时远离低价值客户是有意义的一样，公司可能不得不放弃微利的产品和服务。

立即对冲

现在就让你的组织做好准备，以应对中长期的通货膨胀。大多数企业领导人在职业生涯中都没有处理过宏观的通货膨胀问题，这让他们不确定如何应对这种情况。那些致力于基于销售骨干定价的组织，需要评估他们的通货膨胀风险。通常，财务团队会牵头做一项工作，来揭示在不同通货膨胀情况下，利润变化基准线的详细情况。在细节上，分析考虑了哪些产品和服务有助于盈利，哪些客户可以带来利润。

这样的基准线使得组织更加稳固，并使其走上了一条有坚实基础的道路，以采取最佳定价行动。与其试图一次解决整个问题，不如先确定哪些客户和分销渠道需要解决。根据客户的盈利能力或合同续签日期来设置优先级。用定制的定价计划并确保销售人员有信心，领导层将支持他们做出不同客户所需的艰难决策。这将使企业能够在高通胀市场中提高竞争地位，并培养在必要时快速调整价格的能力。

B2B企业可能不愿意在通货膨胀时期采取必要措施保护利润，这是可以理解的。由于新冠疫情，许多公司向客户提供了价格减免服务，现在他们陷入了定价漏洞，且通货膨胀正在吞噬他们的利润。解决这个问题需要进行艰难的对话。这可能涉及打破与渠道合作伙伴和客户之间的非正式安排。很难告诉优质客户，他们正面临更长的交货期和更高的价格。然而，通胀有利于那些迅速采取行动来实施定价策略的组织。

好消息是，如果客户领导认为这是公平的，即使是痛苦的，他们也会吸收或转嫁通货膨胀导致的价格上涨。然而，这些客户不会因为推迟涨价而给他们的供应商太多承诺，只会给他们从现在起6个月或12个月的缓冲时间。对于供应受限的行业，客户的谈判空间有限，价格很可能不如供应和库存保有量更加重要。

下面是一家公司如何应对通货膨胀的案例。

对于一家区域性的汽车服务公司来说，新冠疫情使他们公司的业务变得异常艰难。该公司的很多优质客户都停止了商务旅行，转而通过视频会议开展业务。该公司最终出售了一些车辆。当这还不够的时候，就被迫让司机们休假。因为疫情，人们的旅行不得不暂停，该公司进一步受到通货膨胀的冲击，其形式是燃料成本急剧上升。车主别无选择，只能提高票价。当该公司的老板谈到他有这么多忠实客户，他不愿意看到价格上涨损害与他们的私人关系时，我们只是同情地听着。

我们告诉他，通货膨胀时期的定价很像玩抢座位游戏。当第一个竞争对手提高价格时，他们可能会失去一点生意，但大多数竞争对手会很快跟进。如果你因为担心忠实客户会流失，而等很久才涨价，那么你很快就会被那些新的价格型买家淹没。这些客户将很乐意利用你的更便宜的汽车服务。结果是可想而知的，这些利润微薄且变化无常的客户将会超负荷，并使那些忠诚的现有客户所期望的服务质量受到影响，在这种情况下没有人会赢。

如果在通货膨胀时期能够进行诚实的反思，将使企业领导认识到成本正在上升，因此价格也必须上涨。也能够认识到你的忠实客户已经知道这一点。价值型买家可能会留下来，价格型买家可能会离开一段时间，但他们很可能是没有利润的客户，所以看到他们离开可能是一件幸事。

企业的本质就是提供价值而赚取合理的回报。如果能够布置好这三种实践，盈利能力将成为公司的命脉。

实践一：知道采用哪种定价方法

想象一下销售对话这样展开。

销售人员："那么，你有兴趣吗？"

潜在客户："可能有，这要花多少钱？"

销售人员："这要看情况，看哪些功能和选项适合您。"

注意这里发生了什么。销售人员正在为基于利润的定价进行对话。面对销售谈判，任何企业的首要任务都是了解价值。这种定价方法适合有信心为客户提供可量化利益的解决方案的企业。关键是让客户了解产品或服务的感知价值。基于利润的定价是以客户为中心的定价。从更专业的角度来说，这是一种定价方法，它让企业计算并获得其产品在特定细分市场客户群相对于竞争对手的差异价值。

许多组织采取"由内而外"的定价方法，并用价格来覆盖成本。这通常会导致其错过商业机会或定价过高。其他组织设定价格是为了满足市场条件或提高市场份额。遗憾的是，如果做得不对，这种方法可能会导致企业把利润留在谈判桌上，或者更糟糕的是，引发价格战。

基于利润的定价是一种"由外而内"的定价方法。结合基本和复杂的分析，它将提供与差异价值相关的价格改进和价格点。采用这种定价方法的公司可以推动利润增加，因为该组织可以：

- 自信地设定价格水平，为定价创造清晰的理由。
- 阐明产品对客户的差异化损益影响。
- 跨职能协调，以了解、创造价值，并将其货币化，实现可持续成果。
- 通过与客户建立更牢固的关系，专注于互利增长。

请记住，价值一向由客户决定。

一家生产陶瓷电路板的技术初创公司的首席执行官向我们提出了一个问题。这位首席执行官告诉我们要拿下一个大客户特别困难，因为大客户会一次又一次地要求降价。他的公司因为这个客户正在亏钱。我们提议派一名顾问过来指导他的销售团队，找出这个问题的答案，并提出一些潜在的补救措施。

一点背景介绍：该公司为美国海军的一家供应商提供电路板。其电路板在F-18大黄蜂战斗机鼻锥雷达系统中被证明是成功的，且每架大黄蜂战斗机上的六块电路板比旧版要轻400磅。

我们很快就明白，这家公司有一个超级谈判权力。因为它向美国海军提供的陶瓷电路板，在很多技术规格上是任何竞争对手都无法比拟的。这些电路板更轻、更可靠，并且可以在比竞争对手更高的温度条件下工作。总的来说，该公司并不明白这会带来多么大的竞争优势。

当顾问提交报告时，该公司电路板对客户的价值变得清晰且无可争辩。这样的知识就是力量。这让我们进入"了解价值，公平定价（Understand Value，Price Fairly，UVPF）"的第二部分：公平的价格。买家可能会对价格感到苦恼，但考虑到产品的价值，最终会同意的，因为这是公平的。

公平至关重要

公平的概念至关重要。双方必须同意价格的基本公平性。每个人都理解公平定价。采购人员可能不想承认这一点，但他们知道供应商需要公平的利润，否则他们经常依赖的关系将是不可持续的。让他们所依赖的供应商破产从来都不符合客户的利益。公平的价格是指，考虑到你的成本、类似的竞争产品以及产品产生的增量价值的合理份额，利益相关者一致认为这是公平的。

一些分析人士认为，能够体现出25%的增量价值的价格是公平的，我们不同意这种观点。有时候，这个公平的数字只有5%；还有的时候，这个公平的数字会达到50%。这一切都是基于形势、竞争、当前关系的性质以及未来你想要的关系。

公平可能比科学更像是艺术。我们最近在金融服务领域做了一个项目，当时产品定价为22美元。初步研究表明，客户不会抗拒7%～8%的价格上涨。这还不错，但看看产品产生的价值时就会发现，客户每笔销售的收益为60美元。因此，销售团队决定提价50美元，经过一番反复的讨价还价，双方同意提价48美元。其结果是客户满意的，当然金融服务公司的利润肯定更高。

下面是另一个使用UVPF公式，基于价值定价的例子。

我们与一家公司合作，其销售团队深信他们的产品就是一种商品。这种假设强化了除降价以保持竞争力外别无选择的认识。我们开始研究为什么该产品是具有独特价值的商品。对客户和决策者的采访支持了我们的观点。进一步的分析表明，虽然从功能上看该公司的产品确实起到了商品的作用，但在大多数情况下，我们的客户是首选供应商。这是因为在竞争对手中，产品质量、供应可靠性和客户服务存在很大差异。

该公司的产品实际上是一种支柱产品，而不仅仅是一种商品，对他们的客户来说是必不可少的。该公司认为供应过剩，并宣布将其中一家制造厂关停。这一决定让客户们感到震惊，因为他们知道，当供应下降而需求保持不变时，价格就会上涨。事实上，销售团队宣布他们确实要提高价格。同时，销售团队表示，他们将为立即下订单的客户维持现有价格。一些客户认为这是虚张声势，价格会维持不变。我们不得不承认，即使是客户自己的一些销售人员也不相信该策略会奏效，并且客户也会反抗。

事实上，当该公司宣布涨价后，客户成群结队地离开了。几周来局势紧张。一些客户尝试了转向该公司的竞争对手，但发现其无法可靠地满足需求。并且其他竞争对手趁机涨价，赶上了我们客户的产品价格。在接下来的几周里，一个又一个客户决定接受涨价，以获得更可靠的供应和更优质的客户服务，这符合他们的利益。这家公司发现他们所有的客户都是玩扑克型买家。这就是为什么UVPF如此重要。

实践二：更好地玩扑克游戏

玩扑克型买家是最难对付的客户，他们伪装成价格型买家，希望以低价获得高价值，并习惯于得到它。他们为最低价格进行谈判，并消耗增加的服务。专业采购组织一直在世界各地提供认证项目，教其成员如何更好地玩谈判游戏。如果你想在与玩扑克型买家谈判时不再把钱留在谈判桌上，你只需要玩得更好，或者根本不玩。

客户玩扑克游戏有很多原因。一是他们已经学会了不信任供应商。然而，最大的原因是，经验告诉他们这是可行的。在价值极高的市场上，无论是大的供应商还是小的供应商，大多数都不知道如何有效应对玩扑克型买家。在扑克游戏中只有三种获胜方式：稳操胜券，虚张声势，或者折叠。大多数成功的玩扑克型买家都不想依靠抽奖的运气，他们通常不愿意赶走与他们有成功合作关系的供应商，但他们非常渴望虚张声势。这是许多采购代理多年来的专长。问题是销售人员和他们的经理无法匹配他们的技巧，他们也没有意识到自己的力量。如果对他们的解决方案缺乏信心，销售人员和经理会在客户谈判中失败，因为他们急于达成交易，而且会不惜任何代价。

几年前，我们被介绍给迈克尔，他是一家向政府承包商出售竞争情报的小公司的总裁。他的产品显然是高价值的知识，但客户的采购专业人员不断地在价格上对他进行打压。他做了什么？他学会了更好地玩扑克游戏。他很快就明白了需要什么，开始对价值更高的服务定价，并将低价值的边缘产品作为谈判的赠品。其结果是收入和盈利能力都大幅提高。

学会用价格来控制产能利用率，是同时实现利润和收入最大化的最终控制机制。诀窍是不要像许多组织所做的那样过于复杂，这对他们不利。目标是简单一点，让组织中的每个人都了解它是什么，以及为什么它很重要。然后，授权公司所有人做他们需要做的事情，以使公司专注于盈利。

实践三：更好地利用资源

2006年，亚马逊网络服务（Amazon Web Services，AWS）开始以网络服务的形式，向企业提供IT基础设施服务，现在通常称为云计算。AWS了解客户会很快认识到的三个绝对价值杠杆。第一，客户可以在无须前期资本投资基础设施的情况下，立即获得一系列云计算服务。第二，客户将立即看到以低可变成本获得服务的能力带来的好处，这些服务随着客户需求的增加或减少来扩展。第三，客户会为几乎可以立即提高生产力的能力分配多少价值？他们不再需要提前数周或数月计划和采购IT基础设施。难道任何客户都不会看到，能够在几分钟内立即启动数百或数千台服务器，并更快地向自己的客户交付结果的价值吗？

2009年，AWS对其定价模式进行了彻底的改变。它从标准的按需付费定价模式，转变为未经测试的基于风险事件的计费方式。这对AWS来说是有风险的。有哪家公司会用如此波动和不可预测的定价模式，来规划和实现季度收入目标？

但AWS已经做好了功课，AWS了解市场。最重要的是，它知道客户需要什么，甚至客户自己都还没有完全意识到这一点。它生成的分析报告让AWS的领导者相信，基于事件的定价模式不仅对亚马逊，而且对客户都是一种有益的双赢模式。

如今，AWS为用户提供了一种按需付费的方法，为200多种云服务定价。使用AWS，用户只需支付他们所需的单个服务的费用，只要他们使用这些服务，而且不需要长期合同或复杂的许可。AWS的定价与用户支付水电等公用事业费用的方式类似。他们只为他们消费的服务付费。一旦他们停止使用服务，就没有额外的费用或终止费。

结果很快验证了AWS定价模型的更新。新的定价模式与AWS的目标客户——开发人员完美契合，这些开发人员不希望支付超出服务需求的一分钱。由于能够更好地利用其资源，AWS现在是世界上最大的云服务运营商。《福布斯》杂志预测，到2030年，AWS的业务规模可能达到1万亿美元。

几年前，我们与一家科技公司合作，该公司拥有多种产品，其中一些是定制的高价值产品，另一些是低成本的商品。一个产品的市场经理告诉我们，他们的一个主要客户是如何派公司的飞机来领取他们每月的产品的。哇，当一种商品突然被视为高价值产品时，这个行业发生了什么？我们建议这家科技公司提高价格。他们拒绝了这个提议，因为价格是合同规定的。是的，但我们指出，交货时间并没有得到类似的保证。

该公司利用了这一现实，推出了一种新产品，该产品可以立即从库存中提货，比需要16周才能交付的产品溢价60%。客户的回答是："我们想知道，你什么时候能搞清楚这个行业到底发生了什么。"没有抱怨，只是感谢有零件可用就可以。

诀窍是用价格来填补容量，但要做到让高价值客户支付公平而不仅仅是高价格，并防止他们利用低价值产品。你要确保你不会让一个低价值的客户冲击到一个高价值的客户。

三种不同的定价方案

为了实现这种价值定价，管理者需要采用三种不同的定价方案来管理产能，如图10.1所示。每种方案都基于公司资源的利用率。将每种方法视为处于一个利用率周期是有用的。

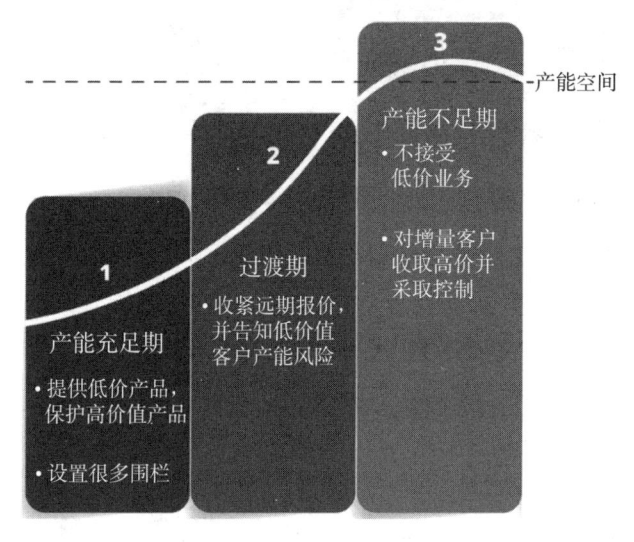

图 10.1　使用价格控制利用率

图10.1中的区域1表示产能充足时期。许多公司在这时期所做的是降低其高价值产品的价格。这样做的话，当商业周期改善时，他们会破坏公司的价值结构及其在客户中的信誉。相反，为了保护高价值产品的价格，公司应该引入低价值产品或降低高价值产品包的服务水平。

区域2表示过渡期。当有迹象表明业务开始繁忙时，让低价值客户知道他们可能不会在预期的时候得到产品。确保提前为这些客户设定期望。这些客户相信他们可以以低廉的价格获得一些产品和服务，但现在对他们做不到感到失望。提醒他们，他们有选择：付费优先交付的产品，付费临时加急交付，或接受延迟。

区域3表示产品不足期。此时期，公司正以满负荷或超负荷的产能运行。这时候不要在大多数RFP上浪费大量时间。你的主要目标应该是满足现有的客户需求。事实上，甚至不要竞标低价机会，因为现在需要预留产能来满足高价值客户。想想航空公司如何为最后时刻的旅客预留头等舱座位。总是有一点额外的产能来接收真正的高价值业务，无论是通过加班还是周末工作。成本会稍高一点，但该公司应该向客户收取额外费用，以便在这些时间获得产能。

任何行业的公司可以根据产能进行定价，这些行业具有周期性的约束条件和成本结构，这些都会或可能会对产能动态产生影响。许多行业，从专业服务业到钢铁、纸浆和造纸行业，都是通过降低高价值产品和服务的价格，以被动的方式做到这一点。他们不主动管理产能流程，引入低价值服务和交付周期长的产品，从而把大量资金留在了谈判桌上。

一个应该用机会成本来控制利用率的细分行业是专业服务业。在大多数情况下，他们的成本实际上是固定的，这里的领导们却往往将他们的劳动力视为一种高可变成本。也就是说，受裁员保护的核心人群是固定成本，因此在成本计算和定价过程中都应该如此看待。

服务公司往往会降低高价值服务的价格，从而导致亏损。"给予—获取"是为了提供更低的价格，但要确保服务和支持水平也相应降低。

通过专注于专业资源为客户带来的价值，并学习如何不断提高价值，专业服务公司能够摆脱基于成本的客户谈判中的压榨，转而与客户高管进行基于价值的讨论，从而为所有相关人员带来更多利益。

更有效的"给予—获取"

还有一种可能性，我们的一些客户会觉得很有趣，因为它可以提高产能利用率和利润。它要求你在销售合同中加入一项条款，当你清楚地知道你已经满负荷时，你有权"推销"某些客户。航空公司一直在做这种推销。虽然联邦法律赋予了他们这一权利，但我们都知道乘客对此有多么反感。对你来说，"神奇条款"成了与采购人员进行价格谈判的筹码。它可能成为合同谈判中最有效的"给予—获取"，并根据图10.1所示的三个产能利用率周期来使用它。

与其总是让销售人员谈价格，不如让他们谈合同条款。当采购人员要求更低的价格时，销售人员会说："没问题，但我们必须保留涨价的权力。"对此，一个典型的玩扑克型的采购代理会怎么做？他们会假装不高兴，这说明他们一直在玩扑克游戏。

神奇条款是航空公司保持盈利的另一种方式，它的应用范围很广。注意美国联合包裹运送服务公司（United Parcel Service，UPS）在最近的假日高峰期使用的暴力方法。他们向亚马逊收取了每个包裹2至8美元的额外处理费。UPS很清楚，亚马逊正在努力提升自己的配送基础设施，并使用UPS的服务来管理他们自己无法管理的包裹。这种理解给了UPS巨大的定价杠杆。

半导体行业目前的供应问题导致了许多行业的生产问题，但没有一家比汽车生产商受到的伤害更大。这些高价买家突然面临着电脑芯片的短缺。这些短缺的芯片通常每片售价不到10美元，却阻碍了4万美元的汽车的生产和销售。为了以更低的成本获得供应，汽车制造商的采购团队已经转变为玩扑克型买家。聪明的供应商会援引这一条款，以大幅提高芯片价格。我们讲述了一个芯片制造商的故事，该制造商让一位客户开着自己公司的喷气式飞机出现在当地机场提货。这家汽车制造商很乐意支付高于60%的附加费，以获得可靠的供应。

第十一章
结　论

自信定价的旅程

客户买的是结果，而不是空话。超越价值言辞，将使你能够向客户展示可量化的结果。通过应用10项可操作的法则，你可以对定价决策充满信心。简而言之，你会培养出销售骨干。现在，你可以与销售团队合作，将谈判转移到如何为客户提供可量化结果的对话上。有了信心，你的公司将抓住目前留在谈判桌上的钱来赚取更多的利润和收入。当然，所有这些都不会在一夜之间发生，但如果你能认真地运用这本书的经验，这些好处将成为现实。

谁拥有价值？最终的答案当然是"每个人"。然而，矛盾的是，当"每个人"都对资源负责时，实际效果是没有人负责的。大多数采用我们的定价策略服务的公司，都曾有过某种程度的利润损失。无论公司认为这一核心业务问题的原因是什么，问题的核心是最高层对价值和责任的忽视。

当问到谁拥有价值这个核心问题时，目标是让组织中的每个人都明确地回答："我拥有！"价值链中的每个人，设计、生产或消费产品和服务的每个人，都必须拥有一部分最终价值。但个人行动是不够的，组织必须制定一个结构性的应对措施，以支持个人行动。要实现自信定价不仅仅是一种愿望，而是使其在组织中持续存在，就必须制定流程，将个人、部门、业务单元和整个企业的目标整合到一个有凝聚力的市场计划中，按照产品逐一落实。我们认为，如果高层领导没有持续专注于开发这种系统化的价值流程，那么谈论自信定价就是毫无意义的。它很快就会成为当月的项目，在季度末，当一家公司需要制定销售目标时，它也会被忽视。

为什么大多数公司都失败了？

竞争优势比以往任何时候都更加难以捉摸，难以解释。为了实施客户价值建议，并看到收入和利润增长的好处，我们邀请你应用本书中阐述的法则。将10项法则中的任何一项付诸实践，并建立结构化的规范。而要在整个组织中实施这些法则，则需要变革。变革并不容易，而且永远不会比改变一个组织不断演变的定价文化更容易。我们最近会见了一家几年前首次为其提供协助的高科技公司的首席执行官。在会议期间，首席执行官说："我一直想知道，为什么你们的东西在我们这里从来没有任何吸引力。"答案很简单。首先，他的高级职员中只有一个人，那就是我们的发起人，相信这种方法。它在开始时尝试过的地方都奏效了，但这种方法从未被制度化，并成为企业所有部门的团队运动。

早些时候，这个执行发起人非常勤奋地应用了本书中的10项法则，拿下了该公司迄今为止最大、最赚钱的客户。该公司成功地与业内最棘手的玩扑克型采购代理之一交手，并取得了胜利。销售人员作为产品的代言人相信价格，因为他们不仅知道价格是合理的，更重要的是，其解决方案的价值比竞争对手的高很多，而且可以量化和证明其差异化。当销售团队与强硬的客户谈判时，他们很庆幸自己获得了真正的定价权。最终他们成功完成了一笔价值1亿美元的订单，这笔订单为公司带来了1300多万美元的收入。但这位首席执行官从未支持或相信这一过程，并不断打折，直至整个拥有34 000名员工的公司倒闭。

我们需要实现这些目标

作为业务经理，我们学会设定财务目标，然后推动业务人员实现这些目标。这是我们的老板所期望的，这也是分析师所期望的。驱动员工实现财务目标或其他目标的过程中伴随着很多问题，特别是如果要求实现短期目标而忽略长期目标时。

如果结果开始低于预期会发生什么？让我们后退一步。当为公司设定目标时，这些目标会渗透到各个部门、业务单位和地区。这些预测是基于猜测，管理者更喜欢假设这个术语。这些假设的形式是对利率、原材料价格、能源成本、生产能力和分销物流的前瞻性估计。这些假设也影响了竞争对手的行为。所有这些数字都是经过处理的，由此产生的电子表格令人印象深刻。

但管理者对由变量驱动的假设不太有信心，这些变量从定义上来说是不可控和不可预测的。因此，经理们考虑他们可以控制的一种资源：销售人员。许多业务预测都是基于对销售人员是否有能力实现经理承诺的数字的假设。这一现实存在两个关键问题。第一个问题是，大多数经理通常高估了他们让销售人员交付具体成果的能力。第二个问题更具破坏性。企业忽视了其主要目标：为客户提供长期价值。相反，它的重点转移到了完成数字上，以此来使经理和投资者高兴。

价格竞争的傻瓜游戏

价格竞争是一种傻瓜游戏，因为任何傻瓜都能玩。事实上，实力较弱的竞争对手在价格竞争中占据优势，因为他们几乎没有损失，也没有其他可利用的东西。市场的新进入者也倾向于使用低价，因为他们还没有向客户证明自己的价值。客户已经发现如何利用价格竞争对他们有利。客户对低价供应商进行资格评估，以使高价值的竞争对手来匹配价格。

企业并不总是意识到自己已陷入困境。我们曾接到一家知名电子公司销售副总裁的紧急电话。他希望我们为其公司参与的反向拍卖的最佳定价策略提供建议。反向拍卖或采购拍卖通常用于企业对企业的采购。这是一种买方和卖方的角色被颠倒的拍卖，主要目的是推动采购价格下降。在传统拍卖中，买家通过竞争获得商品或服务。在反向拍卖中，卖家通过竞争获得业务。

我们对销售副总裁只有一个问题：他的公司是首选买家吗？答案

是否定的。我们的建议是退出拍卖，因为这对公司来说是在浪费时间。该公司不可能赢得订单。在这种情况下，该公司就是陪跑者，它的唯一作用是向两家首选供应商施压，要求他们降低价格。

公司应该做什么？我们的建议是将投标请求作为拜访公司的机会，并与工程团队或真正的决策者谈论价值。至于两个首选供应商，他们也被困住了。在不知道第三家供应商的身份的情况下，当陪跑者降价时，他们将处于明显的劣势。

当另一个低价竞争对手出现时，转向你讨价还价的客户将第一个离开。价格竞争不能提供可持续的竞争优势，除非它能够导致企业接管一个行业，并且仅处于生命周期的高增长阶段。

客户总是强大的

"客户永远是对的。"我们都知道这句格言。但我们更喜欢另一个更新的版本："客户总是强大的。"原始格言背后的理念是，客户总是处于定义其需求的最佳位置。然而这在二十世纪是不正确的，在二十一世纪肯定也是不正确的。最伟大的新产品很少响应明确的客户需求。没有客户告诉施乐制造复印机，但施乐冒了风险，确定了一个几乎没有客户能预见的市场。没有客户要求索尼制造一款比钱包还小的、用电池驱动来播放音乐的产品，但索尼制造了随身听，直到那时客户才意识到它的好处。甚至最近，苹果在iPod上重复了同样的动态。客户对苹果制造的电脑感到满意。没有人指望它来管理和存储数字音乐。如今，苹果从融合消费设备获得的收入比从计算机获得的收入更多。2007年1月，该公司从其法定名称中删除了"计算机"一词。

这就是教训。客户未必总是对的，但他们总是强大的，知道区别很重要。在考虑客户对定价的期望时，了解差异尤为重要。多年来，客户已经意识到，如果他们要求更低的价格，他们就会得到。事实上，客户已经采用了一系列技巧，让供应商降低价格，然后再降低价格。

当客户要求折扣时，销售人员应将讨论话题转向价值。客户预期会发生这种情况，通常都会尝试结束与销售人员的沟通。然后，客户打电话给销售团队的一位高级经理,试图让经理接受自己的减价要求。有时候，高级经理为减轻客户的烦恼也会主动打电话给客户。无论哪种情况，销售人员都会知道，当他们试图在价格上保持底线，组织中的其他人会批评他们搞砸了销售机会。销售人员很快意识到，如果他们试图以更高的价格为公司获得额外利润，那将是愚蠢的。毕竟，不管公司的成本如何，他们不就是为了达成交易吗？

挑战在于让销售人员和经理对自己的价格更有信心。这就要求销售人员和经理都要抵制用短期、恐慌性的策略来降价。不受欢迎的消息是，大多数公司都是这样做的。好消息是，只要几个简单的法则就可以改掉这种习惯，在定价流程中建立原则，并停止把钱留在谈判桌上。

旅程

我们有幸在许多公司的商业转型过程中与他们合作。为了取得成功,所有公司都要从改进对业务成功至关重要的每一个流程开始:

- 基于对真实机会的评估,对未来的前景做出明确定义。
- 了解客户为什么特别需要你的公司(而不是竞争对手)。价值源于这种理解。
- 基于价值主张进行谈判。这样做会给客户灌输购买的理由,并鼓励销售人员对他们提供的价值充满信心。
- 考虑到感知价值始终是相对于竞争对手而言的,所以要公平地定价。这意味着对利益相关者的公平程度不亚于对客户的公平程度。
- 建立信任。通常情况下,你的客户购买是因为他们信任你。这种信任是双向的,是你提供的价值的一部分。

从信任开始

很少有读者相信,70%以上的组织变革都失败了:超出预算,花费的时间比预期长,或者交付的比承诺的少。关于为什么变革如此困难,人们已经写了很多书。我们的结论是,在成功变革的所有必备要素中,

第十一章 结 论

最关键的是信任。在最基本的层面上，如果一个组织中的人不能信任他们的领导者，他们是不会接受变革的。最坏的情况是，他们会破坏这次关于变革的努力。如果领导者期望变革计划能够实现其设定的任何目标，那么关键是要在变革之前、过程中和之后培养信任文化。

组织中的每个人都需要相信价格愿景是可以实现的。只有销售专业人员对愿景的发展有一定的认同，才能实现这一目标。此外，愿景必须易于理解和解释。如果你不能让六年级的学生理解你的愿景，那就太复杂了。没有什么比模糊的复杂性更能削弱人们对提议的变革的信任了。

当你把拥抱变革作为一种心态时，你才能开始成为一个更好的价格制定者、管理者和领导者。变革的一部分会让你相信，不劳而获的折扣很少能带来你想要的结果（收入和盈利）。最后，你会了解到，一旦你放弃了习惯性的折扣，收入和利润就变成了实际上可能实现的目标。

我们的经验是，对该项目缺乏信任会转变为对推动该项目的领导者缺乏信任。唯一的解决办法是深入研究，找出反对意见是什么。关键是要创建一个过程，使真正的反对意见浮出水面，而不仅仅是陈述的反对意见。要多多征求反对意见。记住，在这种情况下，抱怨是一种礼物。只有当你了解这些反对意见时，你才能设计出一个解决它们的方案。以下是一些帮助建立信任的想法：

- 说到做到。这是第一位的。照你说的去做。很多时候，销售专业人员都被承诺这一点或那一点肯定会改变，但后续始终没有实现。很多时候，他们得到了资源的保证，却发现承诺是空的。照你说的去做，可靠性是建立信任的关键因素。

- 用简单的数据实现愿景，并经常严格地跟踪数据进展。
- 让员工负责，从高级管理人员开始。
- 没有什么比对失败缺乏责任感更让团队士气低落的了。任何团队中表现最好的人如果被迫与表现不佳的队友合作，都会很快离开。
- 奖励表现出色的员工。认可是至关重要的，而不仅仅是金钱激励。
- 找出并分离反对者。

最后一点值得详细说明。当项目处于设计阶段时，可以抗议。但当项目启动时，抗议必须停止。成为一个组织的成员需要认可其合法的商业目标。如果团队成员无法接受该项目，你必须重新考虑一下他们是否适合继续留在组织中。如果个人认为没必要这样做，领导者必须向他们提出关于是否认可项目的棘手问题，必要时，将他们逐出团队。

关注客户体验

了解成为你组织的客户是什么样的感受。定期与客户交谈会让你大开眼界。以下是两个开放式问题：

1. 和我们公司做生意是什么感觉？探索好与坏，询问具体情况。
2. 你为什么继续与我们公司做生意，这对你有什么影响？

顺便说一下，也可以试着与潜在客户进行这些对话。

记住，现在不是把谈话变成销售电话的时候。它们必须是探索发现的对话。避免任何销售或说服的暗示。事实上，如果你访谈的客户哪怕有一点被推销的迹象，他们就会理所当然地反感这种诱售法。

马克·詹姆斯（Mark James）是一家公司的定价与产品协调部门的执行副总裁，这是一家总部位于欧洲的全球性公司，他所在的部门的营业额高达250亿欧元。马克·詹姆斯有一种成长的心态，并相信能够推动团队向前发展。当他确信一种新颖的方法有好处时，他会特意将其介绍给他的团队，并投入必要的培训，使其在整个企业范围内得到采用。马克·詹姆斯推动销售团队采用骨干制度。最近，当我们问他的组织如何应对通货膨胀的挑战时，马克·詹姆斯强调，首席执行官的支持对维持他们的定价原则至关重要。他还告诉我们，由于这三种实践做法，该公司能够很好地应对通货膨胀的挑战：

- 通过燃油附加费将燃油价格的上涨转嫁给客户，这已成为全球的行业标准（所有竞争对手都遵循）。
- 以高峰期"紧急"费用的形式增加其他运输成本。竞争对手也遵循了这一步骤。
- 采用与通货膨胀挂钩的年度价格涨幅。

马克·詹姆斯指出，为了企业的利益，他已经学会了与最大的客户进行艰难但公平的谈判。多年来，他和他的定价团队为该公司增加了

15%以上的利润，即37亿欧元的净利润。我们希望马克·詹姆斯能因此得到大幅加薪，因为这是他应得的。马克·詹姆斯代表了当领导者采取变革思维，并愿意让整个全球团队踏上价值之旅时所带来的好处。

我们有一个客户，在过去的七年里一直践行着自信定价原则。他感觉到他接手的一款新产品是其他部门为帮助获得业务而赠送的一款产品，实际上该产品提供了未被认可的价值。通过与领导团队合作，我们很快发现这款产品不仅对客户有很高的价值，而且还有很大的潜力。为了向这款产品收费，公司内外必须进行艰苦的斗争。

随后进行了艰难的谈判。我们的合作伙伴在内部赢得了胜利，现在获得了明确的价值，为股东们创造了数十亿美元的价值。当时风险很大，这需要时间、坚定的愿景和改变的意愿，但随着时间的推移，领导团队已经团结起来，从一个沉闷的部门转变为一个能够为企业带来数十亿美元收入和利润的强大团队。

动荡时期

在本书的大部分内容中，我们都推荐了应对当前动荡（通货膨胀、供应链波动、劳动力短缺，及其他动荡因素）的方法。我们强调的重点是灵活性和速度。但作为定价者，我们也必须考虑供应过剩和短缺，经济衰退和通货膨胀。我们必须对市场有一个广泛的认识，不仅要考虑传统因素，如客户细分、产品差异化和不断演变的竞争，而且必须有一个谨慎的眼光和足够的指标，为现有的和潜在的动荡时期做好准备。

随着美联储提高利率以给需求降温和控制通货膨胀，市场很有可能陷入衰退期。那么，公司应该做些什么来应对这种情况呢？

在经济衰退期，"止血"应该是当务之急。控制不必要的成本，根据市场调节力度，来灵活选择各种策略。如果不这样做，将会限制你在艰难的市场中保持盈利能力。

为客户提供更少的价值听起来有违直觉，但在经济衰退期间，这可能是一种有效的策略，因为最终客户往往希望通过转向低成本产品来降低自己的成本。了解如何最好地降低价值以留住客户，对于获得长期盈利至关重要。仅仅给客户做出选择的能力，就能巩固你们的关系。此外，这种新的边缘产品战略，可能会让公司进入其历史上未曾涉足的新市场。该战略首先要了解，该细分市场的客户"需要什么"，以及哪些产品"很好"。成功取决于专注于前者。

在经济衰退期间还能蓬勃发展的公司，往往是那些找到方法创造新价值来源的公司。一个案例：与渠道中的其他公司合作，为最终客户提供集成解决方案。在经济衰退期间，终端客户倾向于规避风险，这为公司创造了新的机会，这些公司可以足够灵活地满足市场变化时的需求。

这让我们得出最后一条建议，我们觉得这是最重要的。在我们给出之前，要知道我们已经学习并使用了一些最复杂的统计技术，但我们已经了解到，这很容易让我们迷失在这些技术的复杂性中。

我们避免了技术的复杂性以及市场建模的困难。在某种程度上，复杂的电子表格和分析必须归结为简单的洞察，最后能够得出简单结论。复杂性恰恰阻碍了这一点，简单之所以有效，是因为每个人都理解它，而且无论是定价还是其他方面，都有可能自信地运用它。波音公司、西南航空公司和苹果公司已经学会了这种方法，尽管他们的产品和运营非常复杂，但他们都采用了每个人都能理解的简单策略。

这在定价方面尤其如此。问题是，它通常需要一种超越复杂性的能力，并以简单的方式呈现复杂性，以便人们能够理解它。一些客户觉得需要看到复杂性的证据，所以我们会在附件中提供给他们。如果你这样做了，客户会相信你已经做了研究，并且能够支持你的建议。

本书鼓励的定价方法（了解价值，公平定价）最好用简单的结构来支持。了解价值和公平定价等概念并不复杂。这是一种误导性的努力，将复杂性与严谨性混为一谈，只会让利益相关者感到困惑。价值有多少种定义？复杂的价值计算可能会在白板上给人留下深刻印象，但从未实现过。真正有效的概念是那些可以以简单易懂的方式呈现出来的概念。

沟通对价值的基本了解，对于让销售团队有信心捍卫价格至关重要，价格只是价值的代表。沟通是接收者的行为，复杂性会破坏沟通。了解产品和服务的应用、其后续价值，以及简化流程的能力是成功的关键。简单性能够更好地利用，并能提供增加收入和利润的回报。一旦一个组织将这些真理内化，那么，它对价值的追求就完成了。

反侵权盗版声明

电子工业出版社依法对本作品享有专有出版权。任何未经权利人书面许可，复制、销售或通过信息网络传播本作品的行为；歪曲、篡改、剽窃本作品的行为，均违反《中华人民共和国著作权法》，其行为人应承担相应的民事责任和行政责任，构成犯罪的，将被依法追究刑事责任。

为了维护市场秩序，保护权利人的合法权益，我社将依法查处和打击侵权盗版的单位和个人。欢迎社会各界人士积极举报侵权盗版行为，本社将奖励举报有功人员，并保证举报人的信息不被泄露。

举报电话：（010）88254396；（010）88258888

传　　真：（010）88254397

E-mail：dbqq@phei.com.cn

通信地址：北京市万寿路南口金家村288号华信大厦

　　　　　电子工业出版社总编办公室

邮　　编：100036